PRESENTATION METHOD OF
PROFESSIONAL CONSULTANTS

外資系コンサルの
プレゼンテーション術

課題解決のための考え方&伝え方

BBT大学教授／ボナ・ヴィータ代表
菅野 誠二

東洋経済新報社

はじめに

「伝え方」も最高峰のマッキンゼー

「So–What？ で、結論は何？ その根拠は？ それ、紙に落ちてる？」

「提案の中身にヴァリュー（顧客への価値）があるのは当たり前。その価値が伝わって初めて、人が動く。それで、伝わる？」

「今日の会議で、あなたのヴァリューは何だった？」

　これらは、私が外資系経営コンサルティング会社のマッキンゼー・アンド・カンパニーに入社した当初、プレゼンテーション後に先達から受けた痛烈な警句です。クライアントとの意見交換のための会議や正式な報告会のフィードバックだけでなく、身内である社内チームでの10分の進捗報告の場でも、こうした質問を受けました。

　それまでも、私のキャリアは外資系企業の勤務が長く、10年近くもマーケターとして業務経験を積み、ビジネススクールも卒業していたので、それ相応のプレゼンテーションスキルは身につけたと思っていました。ところがその自信が勘違いであると、入社早々、粉々にされました。

　当時、マッキンゼー社の日本支社長を務めていたのは大前研一氏でした。日本における戦略コンサルティング・サービスを文字通り牽引し、市場を形成してきた人物であり、「クライアント・インタレスト・ファースト（顧客利益第一主義）」を社是として、「起きてる間は（顧客への）ヴァリューを出せ」が合言葉になるほど顧客価値を生み出すことに対する激烈な社風を築きあげると同時に、その方針はプレゼンテーションの細部にわたって浸透していたのです。

　私はそこで、戦略コンサルティング会社に適したプレゼンテーションスキルを鍛錬し直すことになりました。周囲のプロのプレゼンテーションを真似

ることから始め、世界中からジュニア・コンサルタントを集めてプレゼンテーションとコミュニケーションスキルだけを磨き上げる1週間弱のワークショップにも参加しました。

プレゼンテーションに用いる資料についても、マッキンゼーでは極限のクオリティを要求されました。当時オフィスには、新人コンサルタントがプレゼンテーション前に、資料チェックに訪れる関門がありました。提案内容のロジックチェックを担当していたのは、のちにベストセラー『ロジカル・シンキング』を上梓することになる照屋華子氏と岡田恵子氏であり、図表のチェックには、当時マッキンゼーで図解アドバイザーを務めていた丸尾千秋氏という、錚々たるプロフェッショナルが揃っていました。真っ赤に訂正された資料を締め切りの迫る深夜に書き直し、それをまたチームで練り直すという鍛錬のループを経験して初めて、経営コンサルタントとしてクライアントの前に立てたのです。

私見ですが、クライアント向けの提出資料に対する要求レベルは、数多のプロフェッショナルファームや企業の資料と比較しても並外れていたと思います。

その資料に1枚100万円以上の価値はあるか?

経営コンサルタントには、提案するアイディアそのものの顧客価値が高いことが当然のことながら期待されます。と同時に、それを伝えるスキルが研ぎ澄まされていることも求められます。伝えるスキルの優劣が、時には顧客に提案を実行していただけるか否かを分けるのです。

その高度なスキルが必要とされる理由は、提案の受け手であるトップマネージメントが、限られた時間内に戦略性が高いアイディアに対して、難しい判断や決裁を求められることが多いからです。

特に現在の経営コンサルタントは、パターン化された解が必ずしも存在しない課題に取り組んでいる企業に対して提案をします。その提案を採択し実行していただくには、単に戦略性が高いばかりではなく、その骨子ができる限りシンプルでわかりやすく、実行組織内の納得感を醸成しやすいことも重

要です。従って経営コンサルタントは、そのようなトップマネージメントの状況や世界観を理解し、プレゼンテーションを行う必要があるのです。

　コンサルタントにとって、クライアントにアイディアを伝えるもの、つまり目に見える商品は、会議やプレゼンテーションと、その際に使用される資料です。それ故に、そのプレゼンテーションや資料に、数千万円、数億円のフィーの価値があるかが問われるのです。冗談めかしてではありますが、「仮にそのアイディアを枚数割りすると、提案資料には1枚100万円以上の価値はあるか？」と問われたこともあります。

　一方で、経営コンサルタントが戦略策定だけでなく、実行を通じて企業変革や事業創造そのものにコミットするプロジェクトも存在します。近年では成功報酬型で実行フェーズでの成果を求められる案件が増加しています。このような場合は形式的なプレゼンテーションよりも、トップマネージメントから方向性の承認を受けたプランをかみ砕いて、現場で臨機応変に討議・実行するための説得資料と、簡易でも即効性のあるプレゼンテーションがむしろ重要です。プレゼンテーションの成功要件は、その目的に加えて、その形式にこだわりがあるかどうかによって、そしてプロジェクトフェーズの初期か、最終かといった時期によって、大きく変化します。

本書の構成

　本書では私がこれまでに培った、経営コンサルタントがプレゼンテーションをする際に活用する知見と技能を解説していきます。第3章でプレゼンテーションの資料の作成スキル、第4章で実演の際の注意事項なども解説しますが、その前段階として、序章、第1章、第2章でクライアントに満足いただける提案内容を案出するためのアプローチを念入りに解説しています。これが経営コンサルタントとして最も真価を発揮すべきポイントだからであり、それが本書の特徴です。

　もちろん、経営コンサルタントではない読者の皆様も多いと思いますが、そこに問題はありません。なぜなら、経営コンサルタントの手法と言いましたが、その知見の本質は「課題解決のプロフェッショナル」の手法だからで

はじめに　003

す。課題解決から無縁のビジネスパーソンなど存在しません。

　課題解決のプロフェッショナルである経営コンサルタントのプレゼンテーションの最終目的は、聞き手、特に企業や組織の上層部に新しいアイディアを提案し、それを実行していただくことで、聞き手のクライアントの問題を解決し、より良き公器として戦略目標を達成するお手伝いをすることです。
　その最終目的を達成するためのメソッドを、本書では以下の構成で紹介していきます。

　「序章 Set up　プレゼンテーションの種類から『やること』『優先順位』を決める」
　「第1章 Why？　プレゼンテーションのゴールを確認する」
　「第2章 What？　コミュニケーション戦略のストーリーを考える」
　「第3章 How？−1　プレゼン資料作成の基本」
　「第4章 How？−2　プレゼンの実演と準備のコツ」

　この Why−What−How の構造は経営戦略を構築する流れに沿っています。経営者は、その企業の理念（Corporate Philosophy）、企業の社会的使命（Mission）や、達成したい未来像（Vision）などを踏まえて、自らの思いを込め戦略目標（Goal）を設定し、目標達成のために戦略を策定、実行します。私が所属したこともあるネスレ、ディズニー、マッキンゼーや、優良企業のアップル、GE、トヨタ自動車などの例を見るまでもなく、理念から戦略実行までが首尾一貫していることが組織の成功の鍵となるという認識が、浸透しているからでしょう。ですから、経営コンサルタントのプレゼンテーションは聞き手の理念や戦略目標から、実行アクションに一貫して寄り添ったものでなければ成功しません。
　そのために以下のように、経営コンサルタントはプロフェッショナルとしての矜持として、聞き手である経営層の事業観と自らの"顧客利益第一主義"の使命を重ね合わせるようにプレゼンテーションを設計することになります。つまり、

Why?（なぜ？　何のために？）

経営層が、なぜこの事業やプロジェクトを成功させねばならないのかと考える、動機

What?（何を行うか？）

その目標を達成するための戦略

How?（いかに実行すべきか？）

具体的な打ち手

これらをクライアントが首尾一貫して構想し実現していくプロセスに対応して、コンサルティングサービスを提供します。

そのためにはコンサルタント側からは、

Why?

プロフェッショナルとして、なぜ、何のためにこのプレゼンテーションを行うのか？　どのような目標設定をするか？

What?

成功するにはコミュニケーション戦略上、何をすべきか？　どのようなストーリーを描き、何を伝えるか？

How?

具体的にいかに実行すべきか？　資料化、実演をどうするか？

という思考を重ね合わせる必要があるのです。

聞き手のトップマネージメントから共感を得るために、この Why–What–How の繋がりを理解している前提で、プレゼンター側からの3要素を分析し、各段階で成すべきことを解説していきたいと思います。

図表0　Why？　What？　How？の関係

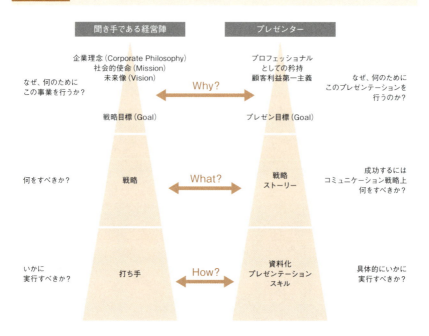

　ここまで読まれた方の中には「そこまで精緻な準備が必要なプレゼンテーションの機会は少ない」と懸念される方もいるでしょう。それは、多くの場合において間違いではありません。これから解説させていただくことを、すべてのプレゼンテーションで実行するとなると、つぎ込む労力の投資効率が悪いかもしれません。

　しかしながら、その努力に報いる成果が得られる場面も存在します。私が「勝負プレゼンテーション」と呼ぶ、本人やその率いるチームがどうしても承認を得たいプロジェクトや、大きな商談などが該当します。

　本書は、経営コンサルタントであれ、企業のマネージャーであれ、プロフェッショナルとして生きていきたい方々を対象に想定しています。もし苦労を厭わず、自らの提案で成功を勝ち得る確率を上げたいなら、途中を端折

ることなく本書でご紹介する手法を体得しましょう。一度その手法やスキルを身につけたら、プレゼンテーションの目的、聞き手、要求程度によって、労力のレベルを調整すれば良いのです。

　本書でご紹介する「一段上のプレゼンテーション」のスキルを得ることで、皆様が「課題解決のプロフェッショナル」として、より成長する一助になれば幸いです。

Contents

はじめに ……… 001

序章
Set up

プレゼンテーションの種類から「やること」「優先順位」を決める ……… 013

Point01
目的と形式を分析して
やるべきことの優先順位を決定する ……… 014

Point02
フェーズに応じて6つの
プレゼンテーションを使い分ける ……… 021

第1章
Why?

プレゼンテーションのゴールを確認する ……… 027

［相手のことを確認する］

Point01
DMU分析でキーパーソンを特定する ……… 028

Point02
キーパーソンの世界観を確認する ……… 034

Point03

キーパーソンのテーマへの
知識レベル・知的態度を確認する ……… 036

Point04

キーパーソンが提案を拒絶する理由を想定する ……… 037

Point05

社風が「合理訴求派」か「感情訴求派」か確認する ……… 039

[課題を設定する]

Point06

プレゼンテーションは「課題＝良い問い」から考える ……… 041

Point07

課題を設定するために問題の型を確認する ……… 048

Point08

「発生・復元的問題」には原因指向型の課題を設定する ……… 051

Point09

探索的問題、創造的問題には
目標指向型の課題を設定する ……… 055

[相手とプレゼンターのゴールをすり合わせる]

Point10

今回のプレゼンテーションが
カバーすべき目的を確認する ……… 061

Point11

Win-Winの合意を得るための落としどころを見極める ……… 063

Point12

プレゼンテーション当日の諸条件を確認する ……… 068

第2章
What?

コミュニケーション戦略の
ストーリーを考える ……… 071

Point01
プレゼンテーションにはストーリーが欠かせない ……… 072

Point02
良いストーリーにする方法とは ……… 077

［導入］

Point03
SCQで信頼を訴求する ……… 082

Point04
自分やチームのことを語り信頼を獲得する ……… 085

［本論］

Point05
合理的なストーリーラインはピラミッドで考える ……… 088

Point06
ピラミッド構成の作り方（ボトムアップアプローチ）……… 093

Point07
ピラミッド構成の作り方（トップダウンアプローチ）……… 099

Point08
3つの「論理の型」を使いこなす ……… 103

Point09
単刀直入が好きな相手には
「帰納法」でピラミッドを整理する ……… 105

Point10
じっくり説得が好きな相手には
「関係論証法」でピラミッドを整理する ……… 110

Point11
厳格な論理を望む相手には
「演繹法」でピラミッドを整理する ……… 113

Point12
3つの論理の型を階層別に使い分ける ……… 116

Point13
ピラミッドの階層と個数 ……… 118

Point 14
完結ストーリーラインをマスターする ……… 120

Point 15
ピラミッドからストーリーラインを抽出する ……… 126

Point 16
ストーリーを再度、叩き直す ……… 128

［結び］

Point 17
感情訴求で決断を促す ……… 131

Point 18
ホラーストーリーで切迫感を持たせる ……… 134

Point 19
帰属意識や使命感に訴える ……… 135

第3章
How?-1

プレゼン資料作成の基本 ……… 137

Point 01
フォーマットを決める ……… 138

Point 02
メッセージをチャートにする ……… 142

Point 03
ビジュアルチャートの3タイプ ……… 149

Point 04
テキストチャートはKISSで描く ……… 152

Point 05
コンセプトチャートの基本 ……… 156

Point 06
データ（定量）チャートは「差」を比較し絵にする ……… 163

Point 07
ビジュアルチャート化7つのヒント ……… 181

第4章
How?-2

プレゼンの実演と準備のコツ …… 187

Point01
プレゼンの正否は準備で決まる …… 188

［準備編］

Point02
想定問答を3つ考えておく …… 189

Point03
練習で不安を解消させるためにやるべきこと …… 190

Point04
評価ツールで建設的批判をし合う …… 195

［当日編］

Point05
「先んじる」「場を仕切る」心構えを持つ …… 198

Point06
立ち姿と身振りについて …… 200

Point07
話し方は「相手を口説く」ように …… 202

Point08
目線はネクタイの結び目を見る …… 204

Point09
同調者を探し緊張を緩和させる …… 206

Point10
聞き手の思考を導く解説を心がける …… 207

Point11
質疑応答では「リフレーズ」「サマライジング」する …… 208

Point12
指し棒は使わない。レーザーポインターは回さない …… 212

Point13
危機管理のために脳内シミュレーションしておく …… 214

Point14
念を押す …… 221

おわりに …… 222

参考文献 …… 226

序 章

Set up

プレゼンテーションの種類から
「やること」「優先順位」を決める

プレゼンテーションは、その目的と形式によって6つの
異なるタイプに分類することができます。それらのタイ
プによって準備すべきことが異なるので、それぞれ何
をすべきか、いかに優先順位を決めるかを本章で解説
します。それを理解した上で、課題解決のためや、戦
略を立案するためのプロジェクトのフェーズを大まかに
3つに分けて、それぞれのフェーズに応じて6つのプレ
ゼンテーションのタイプから適切なものを選択し実行し
ましょう。

Point 01 目的と形式を分析して やるべきことの 優先順位を決定する

▮ 一番最初にやるべきこと

　プレゼンテーションの機会が与えられたら、そのプレゼンテーションの目的と形式を分析してやるべきことの優先順位を決定します。この方針が定義できないうちにいきなりPCのプレゼンテーションソフトウェアを開くべきではありません。

　理由を解説しましょう。「プレゼンテーション」という言葉の意味は、発表・提示というだけでなく、聞き手への「アイディアのプレゼント（贈呈）」です。その目的は、対象相手に新たな認識を与えたり、判断や行動を促したりすること、つまり「心を動かし」たり、加えて態度や行動を変え対象者の「体を動かす」ことであると定義できます。

　アイディアで聞き手の心や体を動かすためであれば、顧客への商談や株主総会で関係者への報告は勿論のこと、5分間の朝礼のスピーチや、上司との30分の面談もプレゼンテーションです。ですからプレゼンテーションは、その目的と形式によって成功要件は多様に変化します。

　中でもビジネスプレゼンテーションで重要かつ困難なものは、聞き手の決裁を得るものです。経営コンサルタントは新しいアイディアを提案し、それを実行していただくことで聞き手のクライアント企業（または組織体）が戦略ゴールに到達することをサービスの目的としています。そのためにクライアントの上層部の心を動かし、決裁を得て、組織を動かすことができなければ存在価値がありません。

プレゼンテーションの種類は6つに大別できる

プレゼンテーションの目的を横軸にしてみると、単なる報告から、議論、決裁まで、双方向性の高低という区別を設けることができます。双方向性が高ければ高いほど考慮すべき要件が複雑になります。そして縦軸に「形式性」つまり「一定の形式が必要かどうか？」という区分の設定ができます。クライアント企業の会議運営に対する形式的な好みや社風が反映されます。形式性が高くなるとプレゼンテーションに必要な参加者、使用会場、レイアウト、資料、スタイルなどがフォーマルなものになり、それぞれ対応すべき要点が増加するので準備に手間と時間がかかります。

ここから6つのタイプそれぞれを解説します。プレゼンテーションのタイプによって、ゴールの要件と準備が変わるので、重点的に参照すると良い章

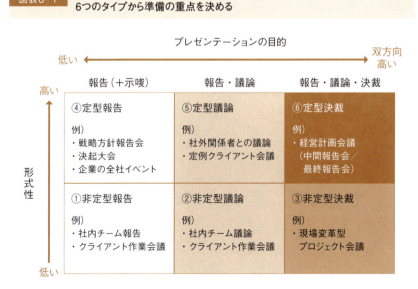

図表0-1　プレゼンテーションの目的と形式性によって、6つのタイプから準備の重点を決める

を提示します。読書とプレゼンテーションの準備作業を効率化したければ最適の準備で成果をあげましょう。一方で端折らずに学習したい方は、本章の内容の意図を確認したのちに、すべて読み進めてください。

①非定型報告（＋示唆）
→メッセージ＋事実か判断基準のサマリーを準備する

　コンサルタント社内チーム報告、クライアントとの作業会議が該当します。次節で述べますが、コンサルティングプロジェクトのフェーズ1の開始からフェーズ3の終了時まで必要に応じて頻繁に発生します。

　非定型報告（＋示唆）では、伝えたいメッセージと、それを支える事実、判断基準となった論拠の提示に時間を割きましょう。資料の体裁にこだわる必要はありません。プレゼンターは会議の冒頭で資料を開く前に、この会議で何を伝え、何をアウトプットと想定しているか口頭で1分以内に伝える習慣をつけましょう。その際自分のために言うべきことを1ページ以内のサマリー（要点）メモで書いてみることをお勧めします。

　非定型報告（＋示唆）は報告が中心ですが、時には聞き手からの反応を見たりフィードバックを受けたりすることを目的とする、形式の縛りが緩やかなプレゼンテーションです。効率的な情報共有や次回会議までの方向感、作業イメージの共有などが重要な達成項目です。

読むべき対象章と重点トピック
- 序章・・・全ページ
- 第2章・・・全ページ。特に「5」「6」「7」「8」「9」「10」「11」「12」「15」

②非定型議論
→議論の題材として、ここまでの成果と仮説を提示する

　非定型報告（＋示唆）と同じく、コンサルタント社内チーム議論、クライアントとの作業会議が該当します。

非定型議論では、冒頭のつかみとして、プレゼンテーションの要約をまず伝えてから内容に入りましょう。伝えたいメッセージと論拠を提示することに加えて、「この認識を踏まえて本日は○○に対してのチームとしての結論を出したい。論点は……」と、論点を明示します。加えてその議論の成果を仮説としてでも良いのでオプションの示唆をします。資料作成では論点を絞りシンプルにすることは、①非定型報告（＋示唆）と同様です。

　非定型議論は社内チームやクライアントチームメンバーなど、気の置けない間柄での、アウトプットを出すためのプレゼンテーションなので、主な目的は非定型報告（＋示唆）よりも双方向性が高く、議論が中心になります。たたき台としての仮説や結論のオプションの提示をすると良い議論が生まれます。

読むべき対象章と重点トピック
- 序章・・・全ページ
- 第1章・・・全ページ。特に「1」
- 第2章・・・全ページ。特に「3」「5」「6」「7」「8」「9」「10」「11」「12」

③非定型決裁
→明確な討議ポイントとアウトプットイメージの準備をする

　現場変革型プロジェクト会議、トップマネージメントと少数参加者との会議、プロジェクトの方針を決定する中間発表などが該当します。

　非定型決裁では、あえて非定型での決裁を設定するクライアントの意図を汲みましょう。使える時間が極端に短い場合も想定すべきです。第2章で述べますが、論理の型も帰納法や関係論証法をお勧めします。成果プレゼンテーションの論理立てや資料もシンプルにしましょう。

　非定型決裁は、一方的な報告をして提案の可否を伺うことが焦点ではなく、意見交換や議論を重視し、最終的に決裁をいただくことになります。時には変化が激しい事業環境の実情に合わせ、定型的プレゼンテーションより、議論、アクションにスピードが求められる場合や、クライアントが強い

現場主義の場合や、自由闊達な議論を重んじる社風の場合にもあてはまります。

　一方で、このタイプのプレゼンテーションをコンサルタント側からお願いする場合もあります。決裁者の課題意識やコンサルティングプロジェクトへの期待を確実に把握しておくことを目的とし、プロジェクト開始前の会議や、課題の再確認のためのプレゼンテーションです。次節で解説する、プロジェクト第1フェーズの直前か、フェーズの終盤という節目に必要です。

読むべき対象章と重点トピック

- 序章・・・全ページ
- 第1章・・・全ページ
- 第2章・・・全ページ。特に「3」「5」「6」「7」「8」「9」「10」「11」「14」「15」
- 第3章・・・資料作成については参照する程度
- 第4章・・・全ページ

④定型報告（＋示唆）
→正式なプレゼンテーション準備をする

　戦略方針報告会、決起大会、企業の全社イベントが該当します。

　定型報告（＋示唆）では、資料、プレゼンテーション・パフォーマンスともに形式性が高いので準備に手間と時間を投下します。入念なリハーサルをしてパフォーマンス・スキルを磨きましょう。プレゼンテーション当日のMC（Master of Ceremonies：司会進行役）を含めた役割分担をしましょう。

　資料はシンプルで、わかりやすいことに重点を置きます。コンサルタント自身が行う場合もありますが、クライアント企業のトップ層やクライアントのプロジェクト参加メンバーが行うことも多いので、レベルを上げるために、十分な打ち合わせをしましょう。プレゼンターへの実演のコーチングが必要になります。

　定型報告（＋示唆）は、「③非定型決裁」や後述する「⑥定型決裁」のプ

レゼンテーションによって、トップマネージメントの戦略方針の決裁が得られたのちに、コンサルティングプロジェクトの第3フェーズ、コミュニケーション・実行ステップに発生することが多いものです。戦略の実行や組織変革の際に内容をわかりやすくかみ砕いて説明する、一定の体裁を整えたプレゼンテーションです。コンサルティングプロジェクトでなくても、社内の決起集会やイベント、エンターテイメント色が強いプレゼンテーションなども、これに該当します。

読むべき対象章と重点トピック

すべてのページです。特に第4章の直前準備のトピックに重点を置いて効果的なリハーサルの手法を学んでください。

⑤定型議論
→対外的資料の準備をする

社外関係者とのインタビューや議論、定例クライアント会議、改革実行時の社員説明会やヒアリングが該当します。

定型議論、たとえば社外関係者との正式なインタビューや議論には、資料は一定の形式的な体裁を整える場合があります。その際にプレゼンテーション資料が相手の手元に記録として残ることの功罪を想定しましょう。予め討議資料は会議後に回収する旨を伝えるか、電子化した資料を使用し、プレゼンテーションをするだけで、印刷物を聞き手の手元に残さないことも想定しましょう。

「②非定型議論」の準備に加えて形式性の高い場の議論を促進するファシリテーション能力が重要なので、第1章「12.プレゼンテーション当日の諸条件を確認する」を確認してプレゼンテーションと議論のプロセスを設計します。つまりファシリテーター（進行役、議論の促進役）として議論しやすい環境を設定して、会議目的やアジェンダ、奨励される言動（Dos & Don'ts）などを明示し、発言順序の管理、議論の促進とリード、要点整理などを経て最後に合意形成を促すなどプロセス管理が必要です。

「⑤定型議論」では社外の関係者、クライアントへのプレゼンテーションに加えて、インタビューをしたり、相手のアイディアを引き出すために議論をしたりするので、ファシリテーションの重要度も高くなります。

読むべき対象章と重点トピック

- 序章・・・全ページ
- 第1章・・・全ページ。特に「1」「6」「12」
- 第2章・・・全ページ。特に「5」「6」「7」「8」「9」「10」「11」「12」「15」
- 第3章・・・全ページ
- 第4章・・・全ページ

⑥定型決裁
→すべての対応を踏まえたプレゼンテーションの準備をする

経営計画会議（中間報告会／最終報告会）、プロジェクト報告会議が該当します。

定型決裁は、形式要件も明確でプロジェクトの節目に決裁を得るためのもので、プレゼンテーションの機会としての山場です。最も難易度が高いプレゼンテーションなので、持ちうる限りすべての資源を投入します。これからこの本で解説するすべての要素を勘案して準備することになります。

読むべき対象章と重点トピック

- 全ページ

Point 02 フェーズに応じて 6つのプレゼンテーションを 使い分ける

プロジェクトは3つのフェーズで考える

　課題解決のための完全なテンプレートはありませんが、大枠の進め方は存在します。プロジェクトを実行する際に、プロジェクトのフェーズを大まかに3つに分けて進めましょう。そのフェーズごとにプレゼンテーションの目的と手法が変化します。

　ここからフェーズの進め方を解説しますから、それぞれのフェーズに応じて、前節で述べた6つのプレゼンテーションのタイプの中から選択して使い分けましょう。

第1フェーズ「情報収集と戦略的分析による課題の設定」 →尖った仮説を立てる

　このフェーズの目的は、情報を収集し、戦略的な分析により解くべき課題を明確に設定することです。プロジェクトの開始前と、開始後少しの間は、該当する業界の構造を理解するため、クライアント企業の状況を限られた時間の中で調査、分析します。

　ここで、フェーズ中ずっと漏れ無しダブリ無しに「海を沸騰させて何が出てくるか見てみよう！」という態度での調査をするべきではありません。分析が過ぎて何を言いたいのか混乱し、プレゼンテーションをまとめる時間さえも足りなくなって、インパクトのない答えを出すことになります。

序章｜Set up　プレゼンテーションの種類から「やること」「優先順位」を決める　021

プレゼンテーションの具体的アクション

「①非定型報告（＋示唆）」「②非定型議論」が中心です。情報の共有化のためにチーム内のプレゼンテーションを行います。第1フェーズの終盤に、解くべき課題の特定をして、クライアントの上層部とプロジェクトの方向感の合意を得るために、③⑥など承認を得るタイプのプレゼンテーションを行う場合もあります。

この初期作業のスピードと深さが後の作業をぐんと効率化してくれますから、プロジェクト開始から短期間でチーム内とクライアントチーム向けプレゼンテーションを頻繁に行い、情報共有をして早期に第1フェーズを終了することが望ましいのです。

図表0-2　フェーズによって求められるプレゼンは変わる

良いプレゼンテーションは合意を生む確率を上げる。
したがって戦略提言や課題解決の全フェーズに関わるコミュニケーションに必要

私の周囲を見ると優秀なコンサルタントになればなるほど、尖った仮説を盛り込んだ課題を特定する時期を前倒しします。プロジェクト開始後2週間でこのフェーズを切り上げて第2フェーズを開始したプロジェクトマネージャーに、心から驚嘆した覚えがあります。何よりも「クライアントにインパクトのある課題設定と結論は何か？」と第2フェーズでの仮説・検証の繰り返しサイクルを、早く、しつこく回した分だけ良い答えに近づくことを体得しているからです。第1フェーズ終了の報告をするプレゼンテーションで、このスピーディな課題定義を打診されたクライアント企業トップもまた、プロジェクトの成果に対する期待が高まりました。

序章 | Set up　プレゼンテーションの種類から「やること」「優先順位」を決める　023

第2フェーズ「洞察力に基づく有効案の発想と検証」
→必要な分析や調査を洗い出す

　第1フェーズで設定した課題は通常、そのままでは大きすぎて答えが出しにくいので、分解して答えが出しやすい大きさにします。その細分化された副次的課題（サブ・イシュー）の中でも重要なものを選択して、洞察力に富んだ答えを仮説として案出し、検証を行います。この作業を課題分析（イシューアナリシス）と呼びます。

　解の仮説を創出、検証し、提言案を決定するフェーズですから、情報収集のためと、仮説、検証のための簡易なプレゼンテーションや、討議が中心になります。

プレゼンテーションの具体的アクション
　「②非定型議論」「⑤定型議論」が中心になります。サブ・イシューを検証、解の仮説策定、証明するために必要な分析や調査のイメージを、図表（チャート）化し、ざっくりとした「コマ割りチャート」にします。これは、一連の論理の流れをチーム全員で共有化しながら中身を作っていくために、ホワイトボードや模造紙などに縦横何本かの線をひいてストーリーの流れに見立てて、チャートを絵コンテのようなコマ割りにしたものです（詳しくは第3章で紹介します）。それをチーム内プレゼンテーションで共有化し、結果をプレゼンテーションのストーリーに組み込むべきかどうか議論します。

　このフェーズでは、検証してみると初期仮説が的外れの場合もあるので、定期的にストーリーライン（構成）の修正と共有化のためのチーム内プレゼンテーションと議論を行います。その結果を受けて、クライアントチームの方々との方向感をすり合わせるための小プレゼンテーションもその都度行います。また、ここでサウンディング（元は「水深測量」の意）を頻繁に行うこともあります。これは、プレゼンテーションの実施前にこちらの仮説や意図を簡易版のプレゼンテーションで打診して、クライアントや外部有識者などのキーパーソンの反応を探ることです。

　また、このフェーズで何よりも重要なのは、解の仮説と検証のための1次

情報収集ですが、これを得るためにプレゼンテーションが必要な場合があります。情報には、対象を直接調査した1次情報と、何らかの間接的な手法で得た、バイアスが含まれている可能性が否定できない、2次情報があります。たとえば自社製品のユーザーのニーズを知るために直接話を聞いたり、アンケートを採ったりすれば1次情報ですが、小売店のバイヤーに最近の消費者の傾向を尋ねて得られる情報は2次情報です。右脳を活性化して解のアイディアを得る1つの方法は「現場百回」です。つまり研究所、生産、顧客、流通関係者など実際のビジネスの現場でヒアリングや観察をして問題解決のアイディアを得ることです。サブ・イシューの仮説をアンケートなどの定量調査で検証することもありますが、顧客や、業界の専門家に対し説明し、その反応によって仮説の先鋭化や検証に繋げる際にも、簡易的なプレゼンテーションを行います。

第3フェーズ「戦略提言のまとめとコミュニケーション・実行」 →プレゼンテーションの方法を検討し、プランを実行に移す

　提案をまとめ、トップマネージメントに承認をいただき、プランの実行者を説得し、事業変革に向けて動いていただくフェーズです。

プレゼンテーションの具体的アクション
　「③非定型決裁」「⑥定型決裁」タイプが最重要で、最終プレゼンテーションでマネージメントへ提案の可否を問います。提案が採択されれば、「④定型報告（＋示唆）」の、対象組織のニーズに合わせてカスタマイズし、小さなプレゼンテーションを数多く行うこともあります。この段階では、コンサルタントではなく実行フェーズを担う顧客組織の上層部や企業側から参加したチームメンバーのプレゼンテーションが多くなります。
　クライアントのトップマネージメントを説得し、承認を得た後に全組織に戦略を浸透させていくフェーズなので、すべてのタイプのプレゼンテーションを駆使する必要があります。通常は最難関のプレゼンテーションですから、この対策を中心に今後は解説します。

第 1 章

Why?

プレゼンテーションの
ゴールを確認する

プレゼンテーションが「アイディアのプレゼント」であるならば、まずはクライアントが「何に困っているのか」「なぜそれをしなければいけないと、思っているのか」を明確に理解しなければなりません。それにはクライアントの理念や使命などから発する、事業の動機や背景、戦略目標から確認する必要があります。と同時に、プレゼンター自身も「なぜこのプレゼンをするのか」を問い、目的に応じたゴールを確認する必要があります。

Point 01

［相手のことを確認する］
DMU分析で
キーパーソンを特定する

「関係各位」にラブレターを送る愚

「聞き手を念頭に置かずにプレゼンテーションの設計をすることは、『関係各位』に宛ててラブレターを書くに等しい」（ケン・ハーマー AT&T）

ジーン・ゼラズニー[*1]『マッキンゼー流 プレゼンテーションの技術』（東洋経済新報社）より

この標語からは聞き手の課題意識へのセンスに乏しいプレゼンターに対する、ジーン・ゼラズニーの厳しい目線を感じます。聞き手を理解しないプレゼンテーションに、決して幸せな結果は訪れないのです。

ここから、聞き手を分析してその課題意識と動機（Why？）を特定する手法を解説していきましょう。その上でプレゼンターのゴール目標とをすり合わせる手法とチェックポイントを説明します。

マーケティングのDMU分析を使う

アイディアを聞き手にプレゼントする以上、クライアントの課題意識と動

[*1] ジーン・ゼラズニー：米国マッキンゼー・アンド・カンパニーのビジュアル・コミュニケーション・ディレクターとして、長年にわたりプロのコンサルティング・スタッフのためにプレゼンテーションの作成、デザイン、リハーサルの指導を行ってきた。

機を理解して、それに応える提案をする必要があります。大きな組織ではひとつの決定事項に多くの利害関係者が存在し、関係者の課題意識が多様であることが想定されます。それらの優先順位を分析するためにはマーケティングのDMU（Decision Making Unit：意思決定単位）分析という概念を活用してみましょう。

組織が大きい企業での決裁では、承認者、決定者、影響力者などが複雑に影響を及ぼしあって意思決定がなされます。経営コンサルタントがプレゼンテーションをする際に、その提案に承認をいただくには、図表1－1のようなDMUの人間関係、力関係を把握して、そのパワーバランスに対応する必要があるのです。実態の把握が重要なのであって、組織の肩書を妄信しないことがポイントです。

また、クライアントの組織内に図のようなポジションの方が必ずしも存在

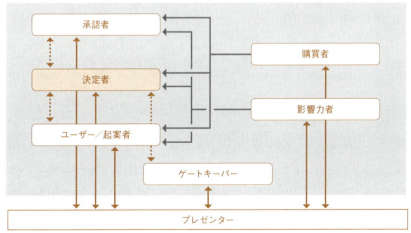

図表1-1　DMU

決定者のみが重要なのではない。キーパーソン*の特定が成功の鍵

＊キーパーソン（決定力のある重要人物）は、決定者だけではない。他の関係者も想定する

するとは限りません。1人で何役も担っていたり、時には外部の有識者、関連企業のメンバーがその企業のDMUの一部を代替していたりする場合もありますので、注意深く観察、分析し、「キーパーソン（意思決定に強い力を持つ人物）」を特定してください。「決定者」はキーパーソンの中でも最重要な存在ですが、その他のキーパーソンも特定するべきです。そしてそれらのキーパーソンのニーズや動機を探るのです。また、社内プレゼンテーションの場合であっても、社内政治が重要かつ複雑な企業であれば、この分析が必要です。経営コンサルティングのプロジェクトだけでなく、通常の企業間での商談用プレゼンテーションでも同じことです。

　DMUの図に実際に名前を記入して力関係を矢印で繋ぎ、これを俯瞰図として注意事項を想定して、説得する相手の優先順位を把握することをお勧めします。それでは、それぞれのDMUの定義と、求められるアクションを紹介していきましょう。

門番（ゲートキーパー）

　あたかも門番のように決定者との情報交換や商談、契約の進行などを制限、管理することが役割です。意思決定には直接関わりません。実際には決定者の部下や、秘書の方の場合が多いです。信頼されていないと、決定者との会議のアレンジを要望しても、立ちふさがれて情報遮断されかねません。

　まずはゲートキーパーの特定をしましょう。その後決定者へのパイプになっていただけるだけの信頼関係を構築する必要があります。

ユーザー・起案者

　現場で提案内容を実行する立場にある人や、提案を上層部に起案する役割の人です。DMUでの主な役割は決定者に意見を問われた際に、実務者として判断を表明することです。上手く接点を持つだけでなく、提案を創出する際に一体感を持ってもらえれば、提案を自らが起案者として上層部に具申したり、サポートしてもらえたりします。コンサルティング・プロジェクトでは、

時にクライアント企業の選抜されたスタッフが、コンサルタントと一緒に作業をして解決策を「共創」する場合も多く、そうであれば有力な味方になります。

　この「共創」と類似する考えかたを紹介しましょう。近年ではマーケティングに「自ら想いを込めた顧客価値を設計し、その商品・サービスに対して先端的ユーザーと接して素早く顧客のフィードバックを得ながら最終提案を上市する」手法[2]によって、顧客と価値を共創する考え方があります。これはデザイン思考[3]と言われるアプローチです。この考え方をプレゼンテーションに応用すると、コンサルタントのプロダクト・アウトではなく、トップマネージメントのみに的を絞ったマーケット・インでもない、能力や意識の高いクライアント企業のメンバーと一緒に、新たな視点で提案するプレゼンテーションが設計できる可能性が生まれます。

　「ユーザー／起案者」に対するアクションとしては、まずユーザーの立場の方は数多いので、その中から起案者としての意思と能力を見極めることが重要です。プランの実行が困難でユーザーのコミットメントが重要な場合は、外部のコンサルタントではなく、社内のユーザーが起案者として、自らの提案としてプレゼンテーションしていただくスタイルが極めて有効です。トップマネージメントから提案を承認されれば、その提言を実施する立場にある「ユーザー＝実行部隊」が、提案自体を深く理解し、オーナーシップをもってプロジェクトに参加していることを証明できます。それによって決定者が組織の実行力に対し安心して、大胆な決断ができるのです。ユーザーが高度なプレゼンテーションスキルを習得できるように訓練に協力し、その成果にコミットしましょう。

---

[2]　出典：『プロフェッショナル シンキング』宇田左近、平野敦士カール、菅野誠二　（東洋経済新報社）
[3]　デザイン思考：「実行可能なビジネス戦略にデザイナーの感性と手法を用いて、顧客価値と市場機会の創出を図る」　IDEOのCEO ティム・ブラウン

決定者

　提案や商談の可否を決裁する力を持ち、キーマンまたはキーパーソンとも呼ばれる最重要人物です。当然のことながら決定者の動機やニーズ把握をすることが成功の最大の鍵です。誰が決定者か明快な場合もありますが、代表取締役として肩書を持ちながら、重要事項の決定者ではない場合も存在するくらいなので、外観だけでは判断できません。

　決定者に対するアクションとしては、課題意識の共有化に時間を割きましょう。DMUの図式化は決定者から行います。これまでの典型的な決裁の事例を決定者の周囲にヒアリングし、DMUのパワーバランスを理解しましょう。特に影響力者との関係に注目します。後述しますが、聞き手を説得するための3要素「信頼・合理・感情」訴求を、どの割合で強調すれば共感を得やすいか、見極めが必要です。

　コンサルティング・プロジェクトで本番プロジェクト中に、課題設定、スコープ（活動の対象範囲）、レポーティングやコミュニケーション指針、受け入れ基準の設定が曖昧で、決定者とコンサルタントとの共通認識に齟齬があると、作業が初期の想定よりも膨大に拡張する場合があります。するとそれがプロジェクト自体の成否に直結します。初期提案書からすり合わせ、契約の前にプロジェクトの目標、大まかな課題意識を決定者と合意することは必須です。

承認者

　1人の人間が「決定者」＝「承認者」の場合も多いのですが、その決定者の意思を承認する別の立場が存在する場合があります。キーパーソンである可能性もあります。たとえば事業部長が決定者でその予算内の決裁であるけれど、その上司にあたる方などです。

　アクションとしては、決定者と承認者、二者の力関係と友好度合いを知る必要があります。通常承認者は決定者の結論に異議を唱えることは少ないのですが、承認者の「ここだけは譲れない」こだわりの有無を周囲からヒアリ

ングしましょう。

影響力者（インフルエンサー）

　決定者から信頼され、有益なアドバイスをする立場です。技術面や法律、政局、経済、戦略、組織運営など、専門家としての意見を求められる場合が多く、時にはキーパーソンになります。社内だけでなく、社外専門家の場合もあり得ます。

　影響力者へのアクションとしては、大きな方針は決定者が決めるとしても、詳細プランは影響力者のアドバイスをそのまま受け入れる場合もあり、影響力者が決定者の代替をする可能性を想定すべきです。一方で決定者と見識が異なる影響力者も存在するので、その方の動機、ニーズも把握します。

購買者

　プロジェクトの購買や契約手続きを司ります。決定者がこの役割を兼ねる場合もあります。DMU内の役割が細分化されている組織の場合、決定者によって議論や商談の詰めがほぼ終了して必要な充足項目と概算の予算が決定された後、購買者は実際の納期や金額に対して詳細を詰める作業を担う場合があります。企業によっては「作業範囲記述書（SOW：Statement Of Work）」として、仕事の達成目標、課題の範囲、内容・要求仕様、成果物・納入物の定義、納入時期・概要スケジュール、制約条件、作業のプロセス、役割分担、責任および権限、レポーティングやコミュニケーション指針、受け入れ基準など詳細な取り決めを求められる場合もあります。

　購買者と決定者が同じ場合には問題が少ないですが、そうでない場合はできるだけ早期から購買者と意思疎通を行い、解決案案出のプロセスを情報共有しましょう。そうすることでプロジェクトの本義を踏まえて契約と納品条件を調整し、煩雑な購買プロセスを合理化することができます。

第1章｜Why?　プレゼンテーションのゴールを確認する　033

［相手のことを確認する］

Point 02

キーパーソンの世界観を確認する

「視座」「視点」「視野」の3つの関わりを理解する

　DMUの力関係を理解した上で、決定者を含むキーパーソンに対してはいくつかの確認しておくべきポイントがあります。すべきことと、その理由を解説します。

　まず、直接のクライアントであるトップ層特有の「遠景の世界観（トップマネージメント・パースペクティブ）」を確認しましょう。提言をまとめるのはその後です。

　なぜなら、トップマネージメントは一般社員とは全く異なる独自の事業観をお持ちで、以下3つの「視力」を理解して初めて、その事業観を踏まえた提案をまとめることができるからです。

視座：主に、どの位置、地位のレベルから事業を見ているか？

　　例　利害関係者の中でも、重点を置くのは社内の頂上としての社内組織か？　株主か？　顧客か？　他に重視する利害関係者は？　など

視点：経営上の重要な着眼点として、何をいかに見ているか？

　　例　成長か利益か？　急激な成長か安定した持続成長か？　強い商品か、システムやプラットフォーム重視か？　技術、調達、製造、マーケティング、販売、人事運営、財務、知財、システムなど、重要視する組織機能は？　事業領域（コア領域深化？　技術やビジ

034

ネスモデルなど強い軸足を中心軸としてピボット〈旋回〉し、多角化する意図は？）は？　など

視野：責任範囲としてどこまで見るか？
　　　例　時間軸（在任期間？　5年？　10年？　20年？　それ以上？）では？
　　　　　空間軸（成長戦略では、新興成長国重視？既存地域の地歩固め？）では？　など

世界観に合わせた提案内容にする

　クライアントの皆さんのお話を伺うと、これらの世界観は、部長から役員へ、または役員がその企業の代表になった途端に、求められる全事業に対する視座・視点・視野の広がりや高さは以前とは比べものにならないと、口を揃えて仰います。提案に対する期待値はこの世界観の変化に応じて高くなります。

　社長の視座、視野の先は「株主」であり、利益の源であるその先の「市場の顧客」である場合が多いでしょう。規制業種であれば当局の実力者、利害関係者などかもしれません。主な視点は短期の利益ではなく、長期ヴィジョンの達成かもしれません。

　また、読者の皆さんが外部のコンサルタントとしてプレゼンテーションをするのではなく、社内でプレゼンテーションをするのであれば、自分の立場の2つ上の世界観を想定してみましょう。たとえば課長である自分が部長にプレゼンテーションするならば、視座を本部長の視点で設定して、「本部長であれば、ここまで大局的な見地からの解決案が欲しいはず」と考えるのです。それが説得対象である部長の関心先だからです。

第1章｜Why?　プレゼンテーションのゴールを確認する　035

［相手のことを確認する］

Point 03

キーパーソンの
テーマへの知識レベル・
知的態度を確認する

専門用語や新しい概念を踏み込んで説明する

　決定者や影響力者の討議テーマに対する知識や知的な態度の傾向を下調べし、予測をして内容の調整をしましょう。たとえば、形式性の高い最終プレゼンテーションで打ち解けた意見や質問のやりとりが困難な状況で難解な専門用語を連発すると、聞き手は「理解できない」という反応になるばかりか、知的チャレンジを受けたと反感を覚える可能性もあります。コンサルタントが敢えて抽象度が高い表現で聞き手を翻弄していると感じる方もいます。ですから、専門用語や新しい経営概念など、聞き手に知見が乏しい可能性がある用語を使用する際には、プレゼンテーション資料の欄外にその概念を平易に説明する「脚注」を明記しましょう。必要に応じ「ご存知とは思いますが、この用語は欄外にあるように……という意味合いで使用しています」と解説しましょう。

　人はプレゼンテーションで得る新しい知識に対して、持ち前の知識との関連において理解するので、テーマの専門知識レベルに自信があるトピックに上乗せする形で伝えられた新しい知識には、好意的に反応するものです。
　一方で、議題に対する知識レベルが低い聞き手であったとしても、本質的な知性がある方、つまり新しい情報や知識習得に貪欲で、知らないことを知らないと素直に反応して、やりとりを楽しめる方ならば、新しい情報の配分が高くても問題ないでしょう。

Point 04 ［相手のことを確認する］
キーパーソンが提案を拒絶する理由を想定する

▍拒絶する理由の想定をする

　決定者の立場を自分の身に置き換えて想像し、決定者の懸念事項を予測した上で提言をまとめましょう。提案を拒絶される可能性を消していくためには、決定者、影響力者を含む周辺の方々への、事前サウンディングが必須です。

　その際に決定者があなたの提案を承認した場合、決定者はその決定によってどのようなリーダーシップを発揮し、決定に責任を負うことになるか、深く推察します。それを経て決定者が提案を実行する際の詳細な手順や、そう決断すべきであるという頼れる論拠を示せるようにプレゼンテーションを設計すべきです。

　具体的に説明します。企業ではキーパーソンが提案に対して総論では賛同しながら、いざ実行に移す際に各論で反対意見が起こり、提案がなし崩しになって実行できないことがあります。それを避けるためにもプレゼンテーション参加者の決定者と影響力者は勿論、実行の際のキーパーソンの、提言に対する反応はできるだけ予測しておくべきです。提案が大規模な事業変革、組織の再構築を伴うものであったならば、決定者の判断はその組織に関わる利害関係者へ大いに影響を与えます。社内で立場をなくし苦渋の思いを味わう人を想定すべきであり、その心情を斟酌した上での提案が必要です。

　もしプレゼンテーションの質疑で「その案を受け入れると、事業部の

30％の人員がリストラされることになるが、人心に与える動揺、インパクトへの対処をどう考えているのですか？」と対象の事業部長に質問を投げかけられたら、その対策をキーパーソンも納得できるプランとして提示しなければなりません。リストラプランが避けがたいという合理的な理由を伝えるだけでなく、たとえば人員再配置の具体策、再教育のしくみ、退社を余儀なくされる人員への魅力ある退職者パッケージ、これらを社内で実行するコミュニケーションの段取りなどを伝える必要があります。また、これらの提案だけでなく、その実行に痛みが伴うことへの共感も伝える必要があります。

斬新な提案に対しての受容度合を確認して、内容を微調整する

　斬新な提案に対しても、どのような反応をするか、可能性を想定し、対策準備をしましょう。もしキーパーソンが保守的であれば、段階的な施策も戦略オプションとして追加する必要があるかもしれません。

　解決策が大きな変革を伴う場合、聞き手が「前向き」「中庸」「保守的」それぞれのタイプによって反応がまったく異なります。厳しい提案は呑み込みやすい形態にしないと組織として受け付けないかもしれません。あなたはキーパーソンの組織内での立場を理解しているでしょうか？　守旧派の実力者は決定者とどのような力関係でしょうか？　守旧派がこだわりを持つポイントは何でしょうか？　そのこだわりを尊重すれば、妥協点は見いだせそうでしょうか？　これらの質問に対する答えが必要です。

[相手のことを確認する]

Point 05

社風が「合理訴求派」か
「感情訴求派」か確認する

キーパーソンの嗜好、社風を理解する

　キーパーソンの嗜好や企業の社風によって、好まれ求められるプレゼンテーションのスタイルが異なるので、これも事前に把握しておく必要があります。そのクライアント企業特有のプレゼンテーションの資料の決まりごとは、どの程度まで遵守する必要があるか、確認しておきましょう。

　合理訴求派の場合、たとえば「⑥定型決裁」タイプのプレゼンテーションでは、理に適っているかどうかが判断基準の中心で、論理や数値・事実を重んじて資料にすべて記入することを標準設定とする企業が少なからず存在します。私の経験からは歴史と格式がある企業、金融機関、役所に多いタイプです。ある財閥系のクライアントではA3サイズの一枚にびっしりと細かな文字と数表を書き込み、発表資料は1枚のみで行うという合理訴求派のプレゼンテーションが求められました。そして膨大なバックアップ資料を添付することで質問に対応していました。

　米国アマゾンのジェフ・ベゾスCEOはパワーポイントの使用を禁止し、A4数ページに文章でプレゼンテーション資料をまとめさせるそうです。その方が印象操作やイメージで逃げることなく、プレゼンテーション資料作成時の思考プロセスで論理的であることを強いられるので、より深い内容になるとの信念からです。いくつかの著名なIT企業も同様のスタイルになっています。

第1章　｜　Why?　プレゼンテーションのゴールを確認する　039

感情訴求派の事例は、アップルがそうであるように、広告代理店や一部の感性価値を重要視する企業のプレゼンテーションです。こうした企業では、資料にもシンプルなスタイルが求められ、長々しい文章表現などは許されません。指定されたタイプフェース（デザインされた文字の書体）を使用し、大きな字で、限定的な文字数にまとめる必要があります。加えて、文章よりも印象的な写真やイラストでメッセージを表現し、ストーリーの内容はプレゼンテーション資料そのものではなくプレゼンター自身が語るべきであるという認識です。

各社のルールも知っておく

　事前に資料を配布し、参加者は読み込んだことを前提としたプレゼンテーションをする企業もあります。その場合は要点のみをチェックして、資料の不明な点への質疑と、その後の討議に十分時間を掛けるため、効率的なプレゼンテーションになります。

　当該企業のプレゼンテーションスタイルを事前に確認し把握しておきましょう。クライアントの人間関係や社風を組織構造的に理解したのちに、いよいよ解くべき課題の理解をします。

［課題を設定する］

Point 06 プレゼンテーションは「課題＝良い問い」から考える

「課題がきちんと定義できれば、答えは半分解けたようなものだ」

上の小見出しは、マッキンゼー社のシニアコンサルタントの言葉です。

「（我社は）どうしたら、貧困世帯向けのスマホ学習プラットフォームで5年以内にユーザー数100万人を確保し、現在価値ベースで黒字事業化ができるか？」

「製造原価を20％低減するには、自社工場の自動化システムへ投資するか、アウトソースするか、どちらを選択すべきか？」

「中長期計画の成長戦略に対応するには、いつまでに物流能力を2倍にすべきか？」

このようにコンサルタントから「御社の課題はこれではないでしょうか？」と、聞き手が判断と対応を迫られる問いを課題（イシュー）と呼びます。そして、良いコンサルティング・プロジェクトは、まずクライアントの経営上の課題を設定することから始めます。なぜなら、コンサルティングとはクライアントがその答えをどうしても聞きたいと思うような「良い問い」を立て、その後に課題に対する解決策を案出することだからです。

良いコンサルタントは、クライアントからプロジェクト開始前に提示された依頼企業の問題意識そのものを、本当に顧客価値のある解を見つけ出すために「それは本当の課題だろうか？」と疑い、自ら問いを立てようとしま

第1章｜Why？ プレゼンテーションのゴールを確認する　041

す。なぜなら、クライアントの問題意識が本質と異なっている場合もあり、そのまま鵜呑みにするとプロジェクトで成果が上がらないという苦い経験をしているからです。

プロジェクト初期からクライアントと「何が課題なのか？」「なぜこのコンサルティングプロジェクトを行う必要があるのか？」という意識を相互に共有しておけば、プロジェクトの成功確率が高まります。

問題（Problem）と課題（Issue）を混同しない

経営コンサルタントのプレゼンテーションの目標は、クライアントが抱える課題に対して解決案を提示することですが、注意が必要なのは往々にして「問題＝課題」ではない点です。問題と課題という言葉は人によって定義が異なる場合があるので、これから以下の定義で使用します。

まず「問題」とは、あるテーマの現状と目標（ありたい姿）の差（ギャップ）があるという、好ましくない現象です。現状と目標や理想との差が大きいほど大問題になります。

たとえば、期末の成果が売上目標から乖離しているのは問題です。また、誰かが上司の部長について「あの部長は問題だよね」と揶揄する場合は、想定する能力や人間力などが、理想や標準と比較して当該部長の現状にギャップがあるから、問題という言葉になります。

コンサルティング・プロジェクトで「御社の問題は何ですか？」と、クライアント企業の精鋭チームメンバーとブレストをすると、1時間で数百の問題が湧いて出ます。そして問題がいつまでも問題として残り続ける企業の、まさに問題は、あまりにその数が多く、解決のための経営資源の投資をする優先順位付けができていないことです。いきおい絨毯爆撃的な対応を余儀なくされるので効果が生まれず、改革が続きません。

次に「課題」とは、その組織の目的を達成するための核心的な争点で、重要性や緊急性の観点から解決すべき問題と設定された、組織内で未だ明確な答えがでていない「問い」です。問題を発生させている根本原因を検討し、「これが解決できれば良いので、根治すべき」と自らに課した事柄と言うこ

ともできます。

　なお、重要性の判断には時間軸を設定するべきで、今現在では小さくても想定時間内に大きなギャップを生む可能性があれば課題とします。正しく課題を設定することによって、経営資源を投下すべき問題の優先順位付けができます。

　経営コンサルタントのみならず、問題解決手法を学ぶものにとって『イシューからはじめよ』[*4]は格別の良書ですが、著者である安宅和人氏は、良い課題（イシュー）を設定するための3条件として、

　1．本質的な選択肢である：それに答えが出るとそこから先の検討方向性に大きく影響を与える
　2．深い仮説がある：「ここまでスタンスをとるのか」というところまで一気に踏み込んでいる
　3．答えを出せる：現在の自分の技術・状況で答えを出すことができる

　つまり「答えの出せる範囲で最もインパクトのある問題」であることを挙げています。

　また、課題はその企業特有のものです。事業環境は個別の企業によって異なり、加えてその企業の組織として改革案を実行する能力も異なります。従ってアクションも固有のものになるからです。さらに同じクライアント社内の方と会話をしていても、ポジションによって課題の認識は異なります。なので、一般論で紋切り型の課題設定をしても、それへの提案は画餅になりやすいのです。良い課題には、具体的な達成ポイントや、際だった強い仮説があるものです。そしてその課題に対する具体的な打ち手としての行動計画が戦略案となります。

[*4]　出典：『イシューからはじめよ』安宅和人（英治出版）

課題は「問い」のかたちにして論理をつなぐ

　経営コンサルタントがクライアントに最終プレゼンテーションの冒頭で述べる典型的な「つかみ」は、設定した課題を述べることです。「これから何に対して答えを出すのか？」という課題を問いの形で明確に提示すると、聞き手であるクライアントは、それに対する提案とその理由を「論理的」に説明してもらえることを期待するのです。

　「論理的」とは、主張と「なぜならば」という根拠を関連付けることであり、言葉と言葉を的確に繋ぐことです。そしてその「なぜならば」という根拠の確からしさを担保するのは、真と推論できる「事実」の提示か、真と推論できる「判断基準」つまり、論理展開でなぜそう判断したかという基準の説明です。たとえばマーケティングでは、そのブランドの認知率が高まり、一定のレベルを超えると一気に売上に繋がることが知られています。そこで「認知度を上げるための広告投資額と売上の間には相関が高いのでは？」という仮説が立てられ、膨大なデータの検証を経て、認知度獲得目標と必要広告投資額の「判断基準」ができました。その仮説の検証結果を共通認識としている人同士では、一定のブランド認知度を確保するためには、どの程度広告投資をすべきか、判断基準として示すことで背景をすべて説明しなくても論理的とみなされます。様々な基礎定理を下地として、更に高度な定理を議論することは他の学問も同様で、プレゼンテーションにおいても論理的な議論の基礎となる判断基準をまずは伝えるのです。

　人はコンサルタントから「我々は○○すべきだろうか？」と判断や説明を求められている事柄、つまり、課題設定とそれに対する提言を聞くと、「このコンサルタントは、なぜそんな大胆なアイディアを提言として言い切ることができるのだ？」と能動的に考え始め、それを説明する判断基準や事実を反射的に求め出し、そのテーマに集中します。そのテーマに対してのみに、主張と根拠や具体策をMECE（Mutually Exclusive, Collectively Exhaustive：漏れなくダブりなく）に、重要な順番に説明していくことで、脇道に逸れず

に聞き手であるクライアントを説得するのです。

「良い課題設定」にする手順

良い課題設定にたどり着く具体的な手法として、まずは「Should（すべきか）＋主語？」としてみましょう。

プロジェクトをいくつかのフェーズに分け、最初のフェーズは「クライアント企業のどこに経営課題があるか？」という現状分析のみの課題設定の場合もあります。

また、次ページの事例のように「自社の強みが活かせる成長市場に参入したいが、ペット市場は魅力があるか？」という問いは、コンサルティング・プロジェクトの目的が市場調査であれば課題設定としてあり得ます。

しかしながらその答えが出た後に、「そこに参入すべきかどうか？」「課題をいかに解決すべきか？」という判断に繋げるのであれば、顧客への調査や分析の意味合いを常に先んじて想定すべきなので、次の問いに進まなければ良い課題設定になりません。また、一歩進めて「Can we ？」を使用し「自社の強みが活かせる成長市場に参入したいが、ペット市場に参入できるか？」とするよりも「我が社はペット関連事業に参入すべきか否か？」と「Should＋主語？」を使ったほうが、問いかけが厳しく、判断を要求する問いになります。

次に「What（何を？）」「How（いかにして？）」「Which（どちらを？）」「To Whom（誰に？）」「Who（誰が？ 誰の責任で?)」「When（いつ？）」「Where（どこで？）」などから選択して加え、課題を設定します。キーワードをいくつか重ねた複合型もあり得ます。

なお、「Why」は「なぜすべきなのか？」となってしまいます。企業理念、ミッション、ビジョンなどを策定するコンサルティングではマネージメントと「Why？：なぜこの企業は存在すべきなのか？」を課題にすることも、あり得ます。しかしながらこの問いは企業の存在意義や、事業に対してマネージメントが本来持つべき意思の根幹でしょう。ですからマネージメントでプロジェクトに着手する際に、その動機として「Why？」をお尋ねする

ことはあっても、それ自体を課題とすることは稀です。その動機を明確に示すことはトップマネージメントの役割でしょう。

また、課題をさらに先鋭化するには「How much（どの程度？）」として具体的な目標を入れると、答えを案出するべきポイントがより明確になり、良い課題設定になる可能性が増します。

例

[0]「自社の強みが活かせる成長市場に参入したいが、ペット市場は魅力があるか？」

↓

[1]＋Should＋主語？「新規事業開発部はペット関連事業に参入すべきか否か？」

↓

[2]＋To Whom「新規事業開発部はペット事業においてどの顧客をターゲットとして市場に参入すべきか？」

↓

[2の複合案]＋How？「新規事業開発部はペット事業においてどの顧客をターゲット市場として、いかに参入すべきか？」

↓

[3]＋When＋How much？「新規事業開発部はペット事業において5年後に30億円以上の営業利益を得るには、どの顧客をターゲット市場として、いかに参入すべきか？」

このように尖った課題設定にすれば、調査、分析、証明すべきことがはっきりするので、課題の深掘りは重要なのです。プロジェクト開始前は［0］レベルの課題認識であっても良いので、早期に［3］レベルまで課題を先鋭化しましょう。

課題におけるクライアントの「Why」＝動機を把握する

　組織の理念や使命から生まれた未来像や戦略目標と、現状との間には多くの場合ギャップがあります。課題は、そのギャップを埋めるために成すべきことへの問いです。

　そしてこのギャップを埋めたいと願う、理念、使命などからもたらされる根源的な動機が「Why？：なぜそうしたいのか？」なので、クライアントのトップマネージメントの動機を理解することが提案の精度を上げることに直結します。「経営者の事業目的は何か？」「その目的を達成するための目標として、結局事業や組織をどうしたいのでしょう？」「そしてそれはなぜでしょう？」……これらの理解に齟齬があると良い答えは出ないのです。

図表1-2	良いISSUEは先鋭化した問い

（理念、使命から生まれた）未来像や戦略目標

How much？
どの程度？

＋

What　何を？／How　いかにして？
Which　どちらを？／To Whom　誰に？
Who　誰が？／When　いつ？／Where　どこで？

＋

Should＋主語　XX？
XXは、〜すべきか？

[ISSUE]

レベル０：現状はどうなっているのか？

第1章｜Why？　プレゼンテーションのゴールを確認する　047

[課題を設定する]

Point 07

課題を設定するために問題の型を確認する

「原因指向型」と「目標指向型」のどちらの課題か

　さらに詳しく、課題を設定する手法を解説しましょう。課題設定は図表1－3のように、大別すると「原因指向型」と「目標指向型」の2つに分類できます。それぞれに課題を特定するアプローチが異なるので、それを理解して、効果と効率を上げましょう。

　原因指向型は、あるべき姿とのギャップが生じ、好ましくない状況を生み出した原因を過去から現在にかけて探るため「WHY－TREE分析」「因果関係分析」などを使用して、問題の根、つまり解くべき課題を設定します。それらの分析は具体例も踏まえて手法を次節で後述します。

　一方で目標指向型では、設定した目標と現状とのギャップを埋めるために、未来に向けた環境分析と自社分析を実行し課題設定します。上位職になるに従って目標指向型の課題設定と、それへの対応を求められるようになります。組織の最上位職の重要な役割の1つは、「ありたい姿」からのギャップを「創る」ことで自ら課題を設定し、次にそれを実現するために、いくつかにステップや部門ごとに分けて「あるべき姿」として良い課題を「探す」ことで設定します。

「発生・復元的問題」「探索的問題」「創造的問題」を区別する

　「原因指向型課題設定」は発生・復元的問題を解決するためのものであり、

「目標指向型課題設定」は探索的問題や創造的問題を解決するための課題設定のスタイルです。発生・復元的問題の場合よりも、探索的問題、創造的問題と上位になるにつれて「Why（理念・使命からの動機）」は重要度が増し、全社的な巻き込みのためのコミュニケーション、プレゼンテーションの重要度が大きくなるので、プレゼンテーションの成功要因が変化します。また発生・復元的問題の場合は、「How（具体的な実行方針）」がより重要視され、局地的なコミュニケーション、プレゼンテーションの重要度が大きくなります。

もちろん創造的問題を解決する戦略を実行する場合でも、「Why」を重要視するだけで「How」の実行プラン細部を疎かにして良いということはありません。建築家が好んで使う「神は細部に宿る」という言葉は、細部は

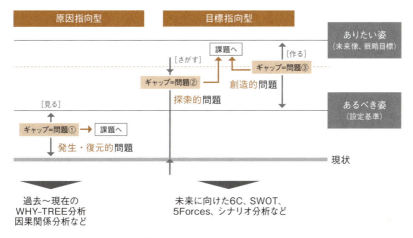

図表1-3　課題の型

課題の設定には、あるべき姿から落ち込んだ原因を追究する原因指向型と、
ありたい・あるべき姿からの目標指向型が存在する

上位職になるにつれて役職者は、自らビジョンを描く、あるいは上位ビジョン実現のための
戦略構築の役割を持ち、創造的問題への対応として課題設定力が求められる

見えにくいが、その詰めを疎かにしてはならず、それが本質を決定するという意味です。

　ですから、次の図表1－4はそれぞれの傾向として理解してください。

　次の節からは、「原因指向型」と「目標指向型」それぞれに分けて、その違いと課題の設定方法を解説しましょう。

図表1－4　　課題の型の傾向

課題の種類		Whyの重要性	Whatの重要性	Howの重要性	全社的コミュニケーション・プレゼンテーション
原因指向型	発生・復元的問題	△	○	◎	△
目標指向型	探索的問題	○	◎	○	○
	創造的問題	◎	○	△	◎

［課題を設定する］

Point 08 「発生・復元的問題」には原因指向型の課題を設定する

ロジックツリー分析で問題の発生要因を分析する

　現状レベルの不具合や不達成から、既に生じている状態とあるべき姿までのギャップを見て復元するための問題が「発生・復元的問題」です。これを解決するためになすべきことは、原因指向型の課題設定です。

　原因指向型の課題設定の方法は、「Why–So？（それはどうして？）」とギャップが起きた原因を現在から過去に遡り何度も深掘りして「見る」ことです。図表1–5の「Aの収益性が低下した原因」を追究する事例のように「Why–So？」の形のロジックツリー分析で問題の根、つまり課題を特定します。漏れなくダブりなく原因の可能性を分解し、重要性や緊急性の観点から課題を特定し、その原因を解消する打ち手に繋げます。原因指向型の課題設定は、現場改善などの場面でも頻繁に採用されるアプローチです。

　図表の事例で、平均価格が顕著に下がったことが収益性低迷の大きな原因であることがわかり、その根本的な要因は、かつてはプレミアム感があったブランドのイメージ価値が低下したインパクトが大きいことがロジックツリー分析と実際の調査で判明したとしましょう。その場合は分析後に「どうしたらプレミアム感が薄れたAのブランドイメージのプレミアム感を向上させ、価格を10％引き上げることができるか？」と、より踏み込んだ課題を設定します。

第1章 ｜ Why？ プレゼンテーションのゴールを確認する　051

図表1-5　ロジックツリー分析

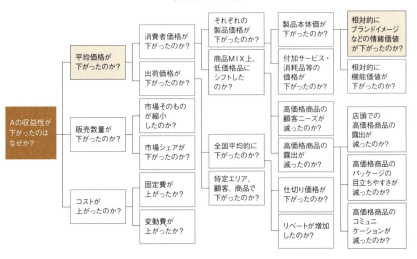

ロジックツリー分析の欠陥を補うために因果関係を分析する

　現在の事業状況をロジックツリー分析でスクリーンショットのように静的に分解しても、項目間に相互依存性があったり、経過時間によって結果が変化するような状況では、根本原因を特定することが困難な場合があります。その場合は因果関係（Causality）分析で課題を特定しましょう。

　因果関係分析は単に事象をMECEに分解するだけではなく、時間の経過、相互依存、フィードバックなどの「ダイナミズム」を織り込んでいる分析手法です。図表1-6を参照してください。これはあるクライアント企業の事例を差し障りがない程度に単純化したものです。

図表1-6　因果関係分析

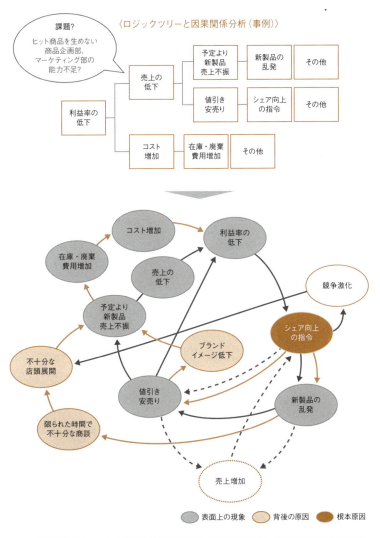

経過時間の関数や相互依存性が重要な場合、因果関係分析で根本原因を特定し課題とする

因果関係（Causality）分析で表面上の現象を引き起こしている根本原因を特定する

ある企業の「利益率の低下」という問題の原因をロジックツリー分析した
ものを、図表1-6の上部に示しました。主な原因はロジックツリー上の、
売上不振を生じさせている「予定より新製品売上不振」、「値引き、安売り」
の2つでした。その原因として「新製品の乱発」と「シェア向上の指令」は、
相互に関係が深く、これ以上の分析と打ち手の案出が難しかったのです。市
場シェアの向上を望むことは当然とされていたので、課題は「ヒット商品を
生めない商品企画部、マーケティング部の能力不足をどうすべきか？」とさ
れていました。

　ところが因果関係分析で原因の相互依存や時間経過フィードバックの関係
を見ていくと、別の真因が見えました。数年前に上層部の売上至上主義の発
想から「シェア向上の指令」が出され、1年目は売上とシェアが向上しまし
た。点線で示すようにシェア向上のための「値引き、安売り」が、→「売上
増加」に繋がり、加えて、「新製品の乱発」が→「売上増加」のループを生
んだのです。しかしながら2年目以降は、更に高い売上目標設定がなされ、
それが図表1-6のオレンジの線で示すように「値引き、安売り」の頻発で
→「ブランドイメージ低下」が起こり→「予定より新製品売上不振」が生じ
ました。これに加え、更なる「新製品の乱発」によって→営業が「限られ
た時間で不十分な商談」しかできず、→それが「不十分な店頭展開」つま
り十分に売り場に商品が陳列されず→「予定より新製品売上不振」に陥り
ました。これらの悪いフィードバックが重なり、→「在庫・廃棄費用増加」
して、すべての因果関係の結果として「利益率の低下」へ繋がり、再度
「シェア向上」指令が出ました。半期で売上目標を割り込み、通期目標を達
成するために後期に追加製品を泥縄式でつぎ込むことになり、実に年間で
320もの新製品が出されました。結果として営業は毎月平均で30個弱の新製
品の商談を抱え、1時間の商談では商品ごとの特長説明も十分にできません
でした。在庫の減損、廃棄費用は売上の約2％という異常事態まで来ていた
のでした。主原因は行き過ぎた「シェア向上の指令」でした。

　このような分析が因果関係分析です。なお、この企業は現在、トップマ
ネージメントが変わり、利益重視のポリシーに転換して新製品数を絞り込
み、売上高営業利益率は大幅に回復し業界平均を上回っています。

Point 09

［課題を設定する］
探索的問題、創造的問題には目標指向型の課題を設定する

PEST分析と3C分析を使う

　課題設定にはもう1つ、目標指向型があります。細かく分けるとその中には、トップマネジメントなどが未来像（Vision）としてありたい姿から目標を「創造的」に「創る」課題設定と、トップマネジメントが設定したありたい姿をブレークダウンして、自部門でのあるべき姿として戦略上のストレッチ目標を「探索的」に「探す」課題設定とが存在します。

　目標指向型の課題設定の場合には将来に向けて事業構造の変化や、自社の強み、弱みなどを分析して未来志向の課題設定をすることになります。通常ではマクロな経営環境の要素であるペスト（PEST）分析と3Cというフレームワークが使われることも多いでしょう。

　PESTとは規制、税制、法律、政策などの「政治環境要因」の分析（Politics：ポリティクス）、株価、為替、景気、金利などの「経済環境要因」の分析（Economics：エコノミクス）、人口動態、社会風俗変化、治安の変化などの「社会環境要因」の分析（Social：ソーシャル）、技術動向、普及度合い、特許などの「技術環境要因」の分析（Technology：テクノロジー）です。これらから経営環境に大きな影響を与える要素を抽出し、経営へのインパクトを想定します。

　また、3C分析とは、顧客（Customer：カスタマー）セグメントのニーズを把握し、その市場を狙って競合（Competitor：コンペティター）に打ち勝つために、自社（Company：カンパニー）の対競合での強み、弱みを分

第1章 ｜ Why? プレゼンテーションのゴールを確認する　055

析するものです。

6C分析を使う

PESTと3C、この2つの分析は別々に論じられ、マクロ環境の変化が、3C分析の結果として最重要である「顧客」にどのようなインパクトをもたらすかという問いに有機的に結びつけられていない場合が多く、そうなると分析の精度が低くなります。

その欠点を克服するため、PESTと3C分析の融合を試みて私が活用しているものが6C分析です。

6C分析で分析の対象となる追加の3要素は以下のものです。

- 統制者（Controller：コントローラー）

    PESTに世論やマスコミの動向、社会公共のインフラ（交通、通信、エネルギー、医療など）変化の調査を加えて、その動向が将来に向けて顧客ニーズに大きな変化を促す、事業の推進力（ビジネス・ドライバー）を特定するのです。

- 流通チャネル（Channel：チャネル）

    商品を売るために間接販売をしている場合にはチャネルの構造変化の分析が必要です。チャネルの寡占化が顧客の購買動向を変えるからです。

- 協業者（Collaborator：コラボレーター）

    自社で事業の主要機能をすべて賄わずに協業したりアウトソースをしたり、戦略的な提携をする際の事業パートナーです。たとえば、特殊な原材料の独占的な提供者、製造請負企業、コンサルティング会社や、弁護士事務所、金融機関、広告代理店など事業推進のために専門的なサービスを提供してくれる事業者も戦略上重要です。たとえばPCのインテルCPUのように、顧客ニーズを喚起した協業者のブランドがあれば、チップの新製品発売ごとに自社としてのPCメーカーの事業が影響を受けます。

図表1–7　6C分析

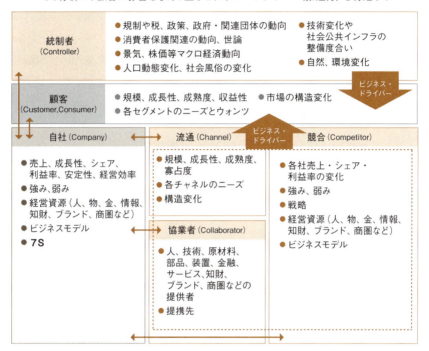

　顧客以外のすべてのCが顧客ニーズの変化を促す可能性があり、その場合はビジネス・ドライバーと言えるのです。6C分析は事業環境全体を俯瞰して「ビジネス・ドライバー」の大きさを見極め、未来の変化への対応策を案出する場合に有効です。自己のビジネスの特殊性に応じ、特に頭文字「C」にこだわる必要はないので、その業界で重要なプレーヤーを付け加えて事業環境分析をします。たとえばクライアントが小売業であれば、チャネルの項目は不要かもしれません。6C分析が完成しビジネス・ドライバーが特定できたら、これは次にSWOT分析の予備分析として活用することができます。

SWOT分析で経営全般の課題を抽出する

　6C分析で得た知見を活用し、未来を見据えたクロスSWOT分析をして課題を抽出しましょう。6C分析の中から自社（Company）を除いた経営の外部環境、5Cの要素の中で特にビジネス・ドライバーとなりそうな要素を、自社事業への好機（Opportunity）と脅威（Threats）として見極め、横軸に配置します。縦軸はクライアント企業を競合と比較して、強み（Strength）、弱み（Weakness）を分析します。その後に各々の要素をクロス（掛け合わせ）することで新たな意味合いを抽出し、経営やマーケティング上の、「未来に向けた課題」をあぶりだすのがクロスSWOT分析です。通常は以下のようになります。

図表1-8　SWOT分析

SWOT分析で自社の経営チャンスとリスクを見極め、
経営やマーケティング上の課題をあぶりだす

〈クロスSWOT〉

- 個々のインパクト、可能性などを分析する
- 1つの事象が好機にも脅威にもなり得る
- 5C分析（6Cから自社を抜いたもの）が有効

	Opportunity	Threats
外部環境	1. ・・・・・・・・・・・・ 2. ・・・・・・・・・・ 3. ・・・・・・・・・・・・ 	1. ・・・・・・・・・・・・ 2. ・・・・・・・・・・ 3. ・・・・・・・・・・ 4. ・・・・・・・・・・

内部環境

Strength	S × O 積極的攻勢	S × T 逆発想、差別化
a. ・・・・・・・・・・・・ b. ・・・・・・・・・・・・ c. ・・・・・・・・ d. ・・・・・・・	aX1 ・・・・・・・・・・ b,cX2,5 ・・・・・・・・ cX1,3 ・・・・・・・・・・ dX4,5 ・・・・・・・・・・	aX1,3 ・・・・・・・・・・・・ b,cX3,4 ・・・・・・・・・・ cX1,4 ・・・・・・・・・・

- 強み、弱みは自社と競合とを比較し、相対的なもの
- 強み、弱みが逆転することもあり得る
- ビジネスシステム分析が有効

Weakness	W × O 弱点補強・段階的施策	W × T 防衛、同盟、買収または撤退
a. ・・・・・・・・・・・・ b. ・・・・・・・・・・・・ c. ・・・・・・・・	aX1,2 ・・・・・・・・・・ b,cX3,4 ・・・・・・・・ cX1,3 ・・・・・・・・・・	aX1,2 ・・・・・・・・・・・・ b,cX1,5 ・・・・・・・・・・ cX2,3 ・・・・・・・・・・

- 「S × O　積極的攻勢」

  戦略はまず自社（クライアント）の強みに立脚することが王道なので、この項目が課題設定の中心です。

- 「W × O　弱点補強・段階的施策」

  自社に強みがない場合でも、強い競合が存在しないなら、そのチャンスを活かすためにW×Oで未来に向け自助努力による弱点補強をするか、提携や買収などで一気に強みに転換する課題も考えられます。

- 「S × T　逆発想、差別化」

  強みを活用して脅威を打ち消す発想です。競合対比でその脅威を上手くかわすことができれば差別化に繋げる課題設定です。

- 「W × T　防衛、同盟、買収または撤退」

  同盟や提携、買収の可能性も模索すべきですが、緊急度やインパクトが高い脅威に自社の弱点を掛け合わせた戦略的な意味合いが最悪の想定になる場合は、傷を浅くしつついかに撤退するかが課題です。

　次の図表1-9は、ここで抽出した課題の卵の事例です。

　経営資源が潤沢であればすべてに対応できるでしょうが、通常は限られた資源を効率、効果を勘案して振り分けることになります。ここから課題解決時の経済的インパクト、緊急性、実現時期、経営理念の合致度合いなどの判断軸を選択して、本当に解くべき課題の優先順位付けをするのです。

　通常は企業が重視する経営指標上のリターンが高いものを課題として選択しますが、仮にクライアント企業が経営上の危機に直面しているならば、経営インパクトよりも実現スピードを重視するべき場合があります。緊急事態に直面している組織は自信を失っていたり、上層部の決断に対して疑心暗鬼になっていたりして、時間を掛けて大物狙いをしている余裕がないのです。経営的なリターンが低くても短期に成果が出るSmall Quick Winという発想で、この事例ではcよりもまずbを選択します。それによって「我々も集中して挑戦すれば、成功できる！」という組織としての小さな勝利体験を優先し、このアプローチを周知徹底します。その後に本格的な改革への弾みを付けて、cやaのような、より大きな課題が選択できるようになります。

図表1-9　SWOT分析

課題の整理を行う

積極的攻勢

a. 新規事業開発部はペット事業において新規事業を立ち上げ、5年後に30億円以上の営業利益を得るには、誰をターゲットとし、いかに市場参入すべきか？

b. 飲料本部は機能性健康飲料市場の拡大に乗じて、現行商品以外の機能性飲料カテゴリーへ進出すべきではないか？

逆発想、差別化

e. ブランドの価値を梃子にして、低価格食品Pに対抗した「試食体感キャンペーン」で価格下落を止めるべきではないか？

弱点補強・段階的施策

c. 低稼働の九州工場を閉鎖して人員削減を行い、製造拠点を集約すると共に物流システムを見直して、それぞれ合わせてコストを15％以上低減すべきではないか？

d. 消費者の高級小売ブランド（PB）への抵抗感が減ってきている中で、大手流通A社の要請を受け入れ、PBの製造を受託することで、工場の稼働を二桁以上向上させてコスト削減すべきではないか？

防衛、同盟、買収または撤退

f. 大手競合A社の新規技術を梃子とした機能性飲料の導入に対抗して、B社、C社、D社と業界標準化マークの策定に動くべきではないか

g. ペットケア新製品Xの拡販に際して、販路に強みのある競合B社とのジョイントベンチャーを検討すべきではないか？

h. 伸長著しいアジア市場への攻勢をかけるためには、国内の経営基盤を安定化させて潤沢なキャッシュを確保し、かつ、累積赤字の大きい欧州食品市場から速やかに撤退すべきではないか？

図表1-10　判断基準を明確にして課題の優先順位付けをする

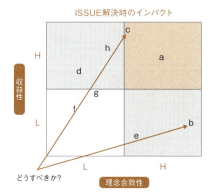

経営指標上は大きくないが短期間で結果が出る、Small Quick Winの視点も時には重要
他に、成功確率やリスク管理の容易さなど、状況に合わせて基準を設定

[相手とプレゼンターのゴールをすり合わせる]

Point 10

今回のプレゼンテーションがカバーすべき目的を確認する

相互の「Why?」をすり合わせる

顧客の「Why?」が理解できたら、次にプレゼンター側の「Why?」と、それをすり合わせましょう。そのために、ここまで述べてきた考察を踏まえ、次のチェックポイントを確認しましょう。

- 顧客の解決すべき課題、その背景などの「Why?」は明確か？
- 与えられた期間内で何度クライアントのマネージメントにプレゼンテーションできるチャンスがあるか？
- 今回のプレゼンテーションはプレゼンターとして最終的に何を、どの程度まで達成したいのか？ つまり、「報告、議論、決裁」プロセスのどのステップまでカバーし、聞き手に何を理解して何を実行してほしいのか？（序章 Point01 を参照）

戦略策定と承認、実行のプロセスには、こなすべきステップがあります。達成したいゴールに向けてプレゼンテーションの目的は、報告、議論、決裁と進みますが、③非定型決裁、⑥定型決裁タイプのプレゼンテーションであるにもかかわらず、報告や議論に留まっていて、「相手に何を、いつまでに決裁してほしいのか？」という視点が曖昧で、決裁者に詰め寄らないプレゼンテーションをする方がいます。そうなるとプレゼンテーションの結論が曖昧になり、いかにその後のアクションに繋げて良いか判断がつきません。参

第1章｜Why? プレゼンテーションのゴールを確認する　061

加者全員の時間の無駄になります。

　数度チャンスがあるなら初回プレゼンテーションでは課題のすり合わせの
みに議題を絞ることもあり得ます。想定しているプレゼンテーションは上記
のどのタイプを目指すのか関係者とすり合わせを行い、明確な目的を持つプ
レゼンテーションのみ実行すべきです。

Point 11

［相手とプレゼンターのゴールをすり合わせる］
Win-Winの合意を得るための落としどころを見極める

交渉の第一歩としてのプレゼンテーション

ここから、プレゼンテーションをする相手との交渉力のノウハウを解説します。意外に思われるかもしれませんが、プレゼンテーション中、またはその前後に、交渉は頻繁に発生します。

たとえば新事業提案のプレゼンテーションでも、その新事業への投資案件は、その他の提案者の投資案件と競い合うことになります。それはその企業全体、または事業部の投資枠が期ごとに決まっていることが多く、その条件下で案件を競わせて企業は投資効果を最大化する動機付けがあるからです。経営資源の投下を決定していただく予算プロセスでは、他の提案との間で、投資額やその収支、利益実現時期、事業リスクの高低など様々な項目が比較考量されます。そして、マネージメントが持つ予算を他案件と分け合ったり、すり合わせるための交渉が必要となるのです。プレゼンテーションは、その交渉の口火を切る第一歩である場合が多いのです。

落としどころを見極める際に交渉の要素が存在するのであれば、以下のチェックポイントを確認して対策案を準備しましょう。

Win-Winの妥協点を探る

交渉とは、利害関係が生じている当事者が行う主張の表明、意見の交換、議論、取引を意味します。そしてその目標は双方が受け入れられる妥協点で

第1章｜Why? プレゼンテーションのゴールを確認する　063

合意することです。

　Win–Winを目指す理由は、ハード型と言われる強硬な態度で相手に常に譲歩を強いる交渉術では、一時期に好条件で合意することがあっても、ソフト型で相手との友好関係を重視する交渉相手に感情的なもつれが残ると、関係が長続きしないからです。加えて合意内容を実行するにあたって感情的な軋轢を引き起こしたりすると、結局思った成果が得られないことがあるからです。よって、交渉は共通問題の解決者として、互いの立場ではなく利害に焦点をあてて、客観的な基準をもとにWin–Winの妥協点を探る必要があるのです。

BATNAを設定してから交渉に臨む

　互いの落としどころを見いだすためには、まず落としどころとしてBATNA（Best Alternative to Negotiated Agreement：代替的選択肢）、つまり提案と交渉が決裂した場合の対処案の中で最良の選択肢を設定してからプレゼンテーションに臨みましょう。

　図表1–11の事例で説明すると、新規事業に拠出できる予算として、プレゼンターAにとってBATNAは「別の出資枠 Xは5000万円まで予算がある」ということです。つまりこの交渉が決裂したら、最悪の場合でも当該事業部の予算ではなく、別の決裁者に提案して全社新規事業予算枠のXから5000万円の予算を受ける可能性があるのです。もし他のスポンサーが見つからなければ、戦略オプションとして多少は不本意ではあるものの、5000万円で着手できる簡易版プランを用意することもBATNAとなるでしょう。

　BATNAが曖昧なままプレゼンテーションとそれに続く交渉に臨むと、どこまでも交渉の到達点が後退して後悔することになります。妥協が過ぎた予算で決着してプロジェクトを開始し、それ故に失敗するかもしれないのです。

図表1−11　BATNAとZOPA

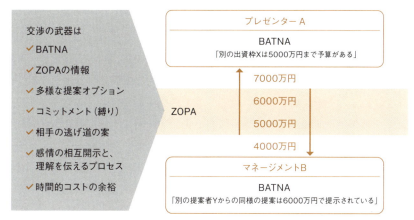

＊BATNA＝Best Alternative to Negotiated Agreement（代替的選択肢。交渉が決裂した時の対処案の中で最良の選択肢）
　ZOPA＝Zone of Possible Agreement（合意可能領域）

ZOPAを徹底的に探る

　そして双方のBATNAのギャップである、ZOPA（Zone of Possible Agreement：合意可能領域）を把握することができれば、交渉は円滑に進めることができます。

　なぜなら、提案者のAさんにとってのBATNAは「別の出資枠Xは5000万円まで予算がある」ということ、マネージメントのBさんにとっては「別の提案者Yからの同様の提案は6000万円で提示されて」います。つまりこの2人の間には1000万円分のZOPAがあることになり、この間で交渉が成立する可能性があるからです。交渉を上手く決着させるにはできる限り相手にとってのBATNAを事前に探っておきましょう。また、ZOPAの間で接点を見いだすためには、相手への提案は1つだけではなく、いくつかの細かな条件の提案オプションを用意しておくことをお勧めします。

第1章　Why?　プレゼンテーションのゴールを確認する　065

もし有利な投資金額の上限で決着したければ、交渉相手が金額以外で「こ
こだけは譲れない」という条件、たとえば成果が目に見える時期、期待する
プロジェクトの収益など、相手のこだわりを理解しておければ、そこは譲り
ましょう。それによって交渉相手が周囲に「相手（ここではプレゼンターの
意）に厳しい態度で交渉をした結果、思った通りの落としどころになった」
と、面目が保てる逃げ道を用意しましょう。

　社内の新規事業を提案するプレゼンテーションでも、ZOPA設定のメリッ
トとして、たとえば相手のZOPAを超える大規模な投資を伴う案をオプショ
ンAとして、その金額を相手に提示しアンカリングすることがあります。ア
ンカリングとは認知バイアスの一種で、先行する何らかの条件や数値がアン
カー、つまり錨になって、その後に提示される数値への判断がアンカー中心
に偏ることです。この事例ではオプションBとして「テスト的にその3分の
1規模の投資を行い、2年間の成果を見計らってから本格投資の判断を下す」
という提示をした場合は、3分の1の投資額が適切に感じられます。

感情を相互開示するような場づくりをする

　冷静な議論は重要ですが、討議の進行中に論理の整合性にこだわり過ぎた
り、そこから感情のもつれがあるのではと、違和感を感じたら、提案に対す
る率直な感想、感情を伺いましょう。

　交渉では、相手を説き伏せるべき対象と見立てて議論をすると却って決裂
しやすいものです。相手と感情を相互開示して、立場を理解したことを伝
え、相手そのものと事案を切り離し、落としどころを探索するプロセスに合
意ができればWin–Winの決着点が得やすくなります。

　ある上場企業の代表取締役に、人生を変えた勝負プレゼンテーションと交
渉の経験を伺ったことがあります。二十数年前の部長時代に、当時不採算を
続けていた米国の事業清算のために送り込まれ、事業の精査に3か月かけて
全米を駆け回りました。誰も引き受けたがらない汚れ役と感じたそうです。
その後に役員会でプレゼンテーションした提案は、撤退ではなく不良在庫を
減損し、新しい流通戦略を実施するため、200億円の追加投資をすべしとい

うものだったそうです。事業撤退させる案に対しては、撤退で企業ブランドを毀損すると、今後米国でその他の事業が困難を極めるという、長期的視野に立った判断軸を提示しました。

　役員会は紛糾したそうです。金額が巨額過ぎて驚愕し、多少感情的になった社長と副社長と、役員会議室から３人で個室に移動し交渉を始めたそうです。「200億円は乱暴だ。本当の必要金額を言え」「そこまでは呑めないが、その半額でできないか？」と持ち掛けられたそうです。「一介の部長にこのような難題を押し付けて」と口にしかかったことを、言葉を選びながら伝えたそうです。自分の３か月の苦労と再建への希望を述べ、互いに感情の開示の後、冷静になって条件を協議しました。実は200億円はベストシナリオのアンカリングであったので、最終的には目論見に近い130億円の追加予算に合意しました。決算ではこの減損でその企業初めての赤字に陥ったそうです。結果として、その後は提案者として米国に残って事業の再建に尽力し、米国はシナリオ通りにその企業の主力マーケットになりました。「米国事業を精査し、現地の駐在員と毎晩議論をして志を感じ、市場の潜在力を見たら、どうしても潰せないと思った。あのプレゼンテーションと米国事業の再建によって、私は社長になれた」と仰っていました。

　互いの問題解決を目指す交渉にするためには、いたずらに感情的なやり取りでヒートアップしないように、相互の感情をまず開示し合う場を設定し、互いの立場を理解することです。その後に多様な選択肢を出し合い、それからできるだけ客観的な判断軸で決定するという流れを作りましょう。

決着までの時間の余裕を持つ

　いつまでに決着を付けるかという時間の制限が厳しい場合は、その期限が心理的プレッシャーとなって交渉そのものの着地点に悪い影響を与えがちです。そこに余裕があれば良い交渉を進めることができます。良い交渉には時間と心の余裕が必要です。ある企業の方は交渉に遠方から来られた方へのおもてなしの席で、今回が交渉の最終ラウンドであれば、さりげなく帰国便の日時を確かめるそうです。相手の時間的コストの有無を確認するためです。

第１章　Why? プレゼンテーションのゴールを確認する　067

[相手とプレゼンターのゴールをすり合わせる]

Point **12**

プレゼンテーション当日の諸条件を確認する

必要とされる形式や付帯事項のレベルを確認し、準備する

　ここで、些細なことですが、時としてプレゼンテーション当日に成果に影響を与えかねないチェックポイントをいくつか提示します。プレゼンテーションを設計する際の実践的なアドバイスになりますので確認してください。

　まず、その企業のプレゼンテーションの形式、嗜好をチェックしましょう。トップマネージメントの嗜好によって、選択すべきプレゼンテーションの形式は様々です。

　先ほど、「社風が『合理訴求派』か『感情訴求派』か確認する」で述べたように、使用する資料の体裁や会議運営などプレゼンテーションに厳しいルールがあるかどうかという形式性の高低で、それぞれ場の雰囲気が変化し準備と進行のポイントが変わります。たとえば使用する機材の選択も大きく影響を受けます。正式な会議では体裁の整った資料やPC、プロジェクターとスクリーン、ワイヤレスマイクなどが必要な場合が多く、肩肘の張らない議論ではホワイトボードや付箋、筆記用具が必要かもしれません。正式な会議で配布資料もフルサイズでカラー印刷が必要な場合と、2ページが1ページ印刷の両面白黒コピーで十分な会議もあります。短時間ながらPCとパワーポイントを使用した説明が好まれる場合もあれば、紙1枚のメイン資料と補足資料で説明を要求される場合もあります。事前に紙ベースのメモを配布して目を通していただき、手短な説明後に質疑と決裁に至る場合もあります。これらの多様性を理解して対処しましょう。

使える準備期間、機会、時間を確認し、必ず時間内に終わる設計にする

　今後何度くらい決定者に会える可能性があるか、確認しましょう。何度か会える相手と、1度限りの可能性が高い相手とでは重点を置くプレゼンテーションの目的と形式が異なるからです。また、プレゼンテーションと質疑に使える時間はそれぞれどのくらいあるかも要確認です。持ち時間によって使用できる資料の枚数も自ずと決まってきます。特にトップマネージメントから長時間のプレゼンテーション機会をいただくことは貴重なので、プレゼンテーションの時間だけでなく、質疑応答や討議に十分時間が使える設計を心がけましょう。

　トップマネージメントが内容に興味をそそられて時間が延長されることは、成功の予兆として素晴らしいことです。しかしながら当初に与えられた時間は「何があっても絶対に」自分勝手に解釈して勝手に遅延すべきではないのです。プレゼンターが時間内に提案内容をすべて説明できず時間超過したために、怒声で停止を命じた企業のトップを、私は何度か目にしたことがあります。せっかくの良い提案が台無しになってしまいました。

本番を想定し、会場の場所、大きさや機材、席のレイアウトを確認する

　会場の場所、大きさ、内装はプレゼンテーションの雰囲気を大きく左右します。「席のレイアウトはどうなっていて、案件の決裁者はどこに着席するか？」「プロジェクターやスクリーンはどこに設置されるか？」「スクリーンと画面の大きさは適切か？」「プレゼンターの立ち位置、場所の確保は問題ないか？」これらを確認すべきです。

　プレゼンテーション会場は役者にとっての舞台と同義です。上記のような細目のチェックが必要のない社内プレゼンテーションであればまだしも、講演会や、顧客先の不慣れな会場などでは、できるなら事前に会場に行って自ら確認しましょう。機材をテストし、手持ちのダミー資料を投影し、本番を

第1章｜Why? プレゼンテーションのゴールを確認する　069

想定して話してみることができれば言うことはありません。それが困難であれば会場のレイアウト図やスケジュールを事前に入手して当日の準備に必要な時間を予想して本番を迎えましょう。

場のアメニティ（快適さ）要素を確認し、準備する

ビジネスプレゼンテーションに加えて長時間の議論が必要な場合はスナックや飲料の準備など、議論活性化のための気配りが必要でしょう。それによってアウトプットの質が本当に変わるからです。外部の識者へプレゼンテーションする場合や新製品発表会などのイベントにはエンターテイメントや飲食などの付加的要素、接待などが必要な場合もあります。どの程度の予算規模であれば適切であるかを確認し準備しましょう。

現金なものですが心地よい会場設定に加え、良い食事を提供すると、自ずと士気とアウトプットが向上した事例を、何度も経験しました。

成功するための人的資源を確認し必要分を確保する

プレゼンター側の達成目標を確認できたら、プレゼンテーションを行う自分自身、またチームで行うならばそのチーム構成員の実行能力と、それに割ける時間の確認をしましょう。

戦略目標に合わせた資源確保は戦略の中核行為だからです。ミッションのレベルによっては追加の人的資源を確保する必要があります。どうしても自チームで使える人的資源に限りがあるなら、データ収集、分析、チャート作成などの作業は社内・社外へのアウトソースを想定すべきかもしれません。

マッキンゼーのように海外ネットワークが強固なコンサルティング企業では、他国オフィスのスタッフ間で時差を活用した資料作成のワークシェアをしています。

第2章

What?

コミュニケーション戦略の
ストーリーを考える

本章では「What」つまり、伝える内容について紹介します。プレゼンテーションで成功するために、いかに内容を戦略的に組み立て、何を伝えるか。コミュニケーション戦略の「ストーリー」を考える手法を解説しましょう。

Point 01 プレゼンテーションには ストーリーが欠かせない

Story is King

「Story is King」（ストーリーが最も重要）

これはアニメーションスタジオで有名なピクサー社内で尊重されている標語です。

「皆さんがストーリーを語るとき、（観客の）期待感を構築しましたか？ 瞬間瞬間に、次に何が起こるかを知りたいと思わせていますか？ さらに重要なのは、全体として最終的にどんな結末を迎えるのかを、知りたいと思わせているかということです」*5

決裁を得ようとするプレゼンテーションでは、聞き手が「次の展開をぜひ聞きたい」と願うようなストーリーを構築しなければなりません。

私がディズニーで働いていたときに、日本が誇るアニメーター集団、スタジオジブリと世界的な提携がありました。そのため、その主要メンバーをご招待してウォルト・ディズニー・ピクチャーズとピクサー・アニメーション・スタジオのあるカリフォルニアで交流会が催されました。当時ディズニーのアニメーションは低迷期で、古典的でよく知られた物語を題材にしてハッ

---

*5 出典：「ピクサーの脚本家がストーリーテリングの本質を語る TED2012」アンドリュー・スタントン（『トイ・ストーリー』や『ファインディング・ニモ』など、数多くの人気映画を手がけている映画プロデューサー）

ピーエンドを迎えるという構成が多く、「Story is King」というアプローチではありませんでした。

一方で当時のディズニーが配給権を有してヒット作を重ねていたのが、ピクサーでした。オリジナルの脚本を重視し、息をもつかせぬストーリーの妙で観客を引き付けるピクサーとジブリの、達人同士の出会いは互いに敬意に溢れていました。

ちなみに2006年からピクサーはディズニーの資本下に入り、ピクサーのトップがディズニーアニメーションのCEOの座について人的交流を重ねました。その結果、ディズニー本体にピクサー流のストーリー構成手法が浸透して、ディズニーのアニメーション作品が活性化されています。「Story is King」なのです。

プレゼンテーションで成功するには、論旨が論理的であるだけでなく、魅力的なストーリーが必要です。そのストーリーを構築する手法を紹介しましょう。

ストーリー、ストーリーラインとは?

通常、ストーリーを構成する前に、ストーリーの設計図となる「ストーリーライン」の論理構成を決定します。そしてストーリーラインを骨子として、内容への合理的な理解だけでなく、聞き手にわかりやすく、感情移入していただくために構成し直したものがストーリー（物語）です。ストーリーラインとストーリーの違いを、詳しく見てみましょう。

ストーリーライン

ストーリーの論理展開の要約になる設計図です。筋立てとしてストーリー中の主要な、のちの展開に影響が大きい出来事と、他の重要な出来事同士を「だから」「なぜなら」などの因果関係で示す「構成」とも定義できます。

ストーリーラインの例

食・住環境が改善され飼い犬や猫の平均寿命は14歳を超えて家族の一員と

なる

⇒「だから」高齢で人間と同様に様々な病気にかかる

⇒「だから」多くの飼い主は高額な療法食ペットフードなどケア商品を購入するようになる

⇒「だから」高齢ペットケア市場は魅力がある

⇒「だから」参入すべきだ

⇒「なぜなら」我社は技・製・販で差別化のための経営資源が確保できるから

　なおこのストーリーラインは、事業計画のプレゼンテーションでは、通常、資料の冒頭で1枚にまとめられた「エグゼクティブサマリー」と呼ばれるものになります。

ストーリー

　ストーリーラインを設計図として、出来事の前後関係の流れを考え、登場人物像と細部の描写で肉付けして山場を演出し、言いたいメッセージを強調したものです。あえて回想などを挿入して強調効果を狙うこともありますが、聞き手に理解しやすくするために時系列順に展開することが基本です。「それから」という接続詞を想定してみましょう。

ストーリーの例

犬のタローは長年大切に飼われて14歳と高齢になった

⇒「それから」家族の一員となって、欠かすことができない存在だ

⇒「それから」タローは高齢で、最近様々な病気にかかる

⇒「それから」母は、父のことよりもタローの健康を心配している

⇒「それから」獣医は療法食やケア商品を勧める

⇒「それから」母は療法食として通常より高額のペットフード、ケア商品を購入する

⇒「それから」こんな飼い主が増加している

⇒「それから」高齢ペットケア市場は収益率が高くなって魅力が高まってきた

⇒「それから」我社は技・製・販で差別化のための経営資源が確保できる

⇒「それから」参入すべきだ

　聞き手は、ストーリーラインによる因果関係の説明だけでは、ビジネスロジックを理解はしても、共感を覚えにくい場合があります。そこで、感情訴求で共感を得たい場面で、上記のストーリー上、聞き手の琴線に触れるポイントを語ります。たとえば、

タローは高齢で、最近様々な病気にかかる
⇒「それから」母は、父のことよりもタローの健康を心配している
⇒「それから」獣医は療法食やケア商品を勧める
⇒「それから」母は療法食として通常より高額のペットフード、ケア商品を
　　購入する

として顧客ニーズと購買行動の分析として語ると、「母には父よりタローの方が心配か……。それで高額商品を購入する。そんなことって、私にも覚えがあるなあ」と、ストーリーに共感を覚え「賛成」してくださるのです。
　このように、ストーリーラインを骨子として、ストーリーを構成することが、プレゼンテーションの内容を作る基本です。

ビジネスに効くストーリー

　近年、経営学で組織の理念やミッション、ビジョン、戦略を従業員に浸透させ、一定方向に動機付けする方法として、印象的な体験談やエピソードを物語にして伝える「ストーリー・テリング」という考え方が活用されています。一橋大学大学院の楠木建教授が書かれた「優れた戦略とは思わず人に話したくなるような面白いストーリーだ」という経営戦略におけるストーリーの効用を解説した著作[6]が経営書としては例外的にヒットしました。その中で楠木氏は「ストーリーを語るということは、『こうしよう』という意志

---

*6　出典：『ストーリーとしての競争戦略』楠木建　（東洋経済新報社）

第2章 | What? コミュニケーション戦略のストーリーを考える　075

の表明（中略）……意志表明としてのストーリーが組織の人々に共有されていることは、戦略の実行にとって決定的に重要な意味を持っています。なぜならば、ビジネスは総力戦だからです。（中略）戦略の実行にとって大切なのは、数字よりも筋の良いストーリーです。……筋の良いストーリーをつくり、それを組織に浸透させ、戦略の実行にかかわる人々を鼓舞させる力は、リーダーシップの最重要な条件としてもっと注目されてしかるべきだ」と述べています。

米国アル・ゴア副大統領の首席スピーチライターであったダニエル・ピンクは著書[7]で同様の文脈を解説し、近年では世界銀行やNASA、3M、ゼロックスなど新しい組織運営に意欲的な組織や企業でストーリー・テリングが重要視され、経営にも取り入れられていることを述べています。「抽象的な分析は厳選されたストーリーを通して眺めることでわかりやすくなる」と世界銀行をナレッジマネージメントのリーダーにまで成長させた経営幹部スティーブ・デニングの言葉を引用しています。加えてロジャー・C・シャンク（認知科学者）の意見を引用して「観念的に言えば、人は論理を理解するように出来てはいない。人はストーリーを理解するようにできている」としています。

企業のリーダーは、抽象度が高く高邁なスピーチをするよりも、周囲がわくわくするようなビジョンと、それを実現化する戦略ストーリーを語り、聞き手から「そのプランを実行する主人公は、私たちだ」という共感を得なければならないのです。

---

[7] 出典：『ハイ・コンセプト「新しいこと」を考え出す人の時代』ダニエル・ピンク著　大前研一訳　（三笠書房）

Point 02 良いストーリーにする方法とは

論理がストーリーになることで共感を生む

プレゼンテーションの内容を作るに当たっては、第1章までの分析を元にしてストーリー（ストーリーライン）の中核をどこにするかを考えていくことになるのですが、その際に念頭においていただきたいことがあります。それは、「信頼訴求・合理訴求・感情訴求」という3つの要素を聞き手に合わせて組み合わせ、ストーリーの中核となる訴求ポイントを決めることです。なぜなら、この3つの訴求の組み合わせが相手の共感を引き出すからです。

プレゼンテーションは、聞き手にストーリーへの「共感」を生むと圧倒的に成功確率が上がります。「共感」とは「Empathy：他人の主張や感情を、まるで自分自身のものであるかのように理解し、感じる」ことです。人類は進化、発展過程で、非力な個人が外敵から身を守り生き残るために集団での社会生活が重要でした。社会生活でリーダーが生まれ、集団を繁栄に導くためには周囲の人物への共感力そのものや、周囲からリーダーの指針への共感を得るコミュニケーション能力が、集団を統率するのに強烈な武器であったようです。

そしてこの共感を引き出すために必要なことが、「合理訴求」「信頼訴求」「感情訴求」の3つの訴求です。通常、企業のトップマネージメントは知的レベルが高く、事業提案であれば当然に合理的な説得を望むものです。なので「合理訴求」は当然の前提として求められます。

しかしながら合理訴求は説得の必要条件ではあっても十分条件ではありま

せん。経営戦略を実行する組織の構成員も納得できる、良いストーリーにするには、合理の他に信頼訴求、感情訴求を加えたことによる「共感」が必要なのです。

「合理訴求」「信頼訴求」「感情訴求」とは

3つの訴求について、それぞれ詳しく見てみましょう。

まず信頼訴求とは、主に提案者に関わる要素です。もしあなたが駅の売店で新聞を買おうとしたとき、日本経済新聞の朝刊で「来週から円高基調が加速」とヘッドラインで書いてあり、その隣の某スポーツ新聞では「円安の流れは必至！」と朱文字が躍っていたとしたら、どちらを信用して手を伸ばすでしょうか？　どちらも新聞社の記者が書いた文章です。おのずと書いてあるトピックの専門内容の尤もらしさ、その新聞への「信頼」度合いから判断するはずです。

プレゼンテーションでの説得も同様で、同じような提案をAさんがすれば承認されるけれどBさんがすると拒絶されるという事態が起きます。つまりは「信頼感」の問題です。プレゼンテーションを行う「つかみ」として、聞き手への「信頼訴求」を行うことによって「この人の話なら聞いてみたい」という聞き手の受け入れ感度を高めにチューニングしていただくのです。

次に、合理訴求と感情訴求について説明しましょう。左脳と右脳は機能に違いがあり、言語は左脳優位、空間認知は右脳優位であることを示す、数多くの心理学的な実験結果があります。発達過程で多くの人は左脳に言語中枢が宿りやすく、言語処理は右脳も多少ながら機能しますが、左脳優位だそうです。一方で、音楽や絵画鑑賞など感覚的なものは右脳が優位的に活性化していることが多いようです。それが故に左脳は観念の構成や数的処理などに適していて分析的、論理的である一方で、右脳は画像処理、空間把握、総合的判断などに適していて感情的、直感的であるとの解釈が通説です。この理論は脳の構造レベルでのメカニズムが科学的に証明されてはおらず、今まさに脳科学者が鋭意取り組んでいる研究課題のようです。本稿で重要なのは脳科学の探究ではないので、便宜的に、いわゆる左脳的＝分析、論理的な議論

と、右脳的＝感情的、総合的な判断を指していることとし、ここから解説を進めます。

　ビジネスプレゼンテーションでは合理訴求が内容の中核になることが多いでしょう。そこに加えて、人を動かすには右脳（的な）「感情訴求」を含めて全脳を刺激して機能させるのです。そして聞き手の好みによってその割合を調整しストーリー化します。

図表2-1　合理訴求、信頼訴求、感情訴求

困難な課題の解決方法を実行するためには、
3つの訴求を使い分けるコミュニケーションによって、共感を得ることが重要

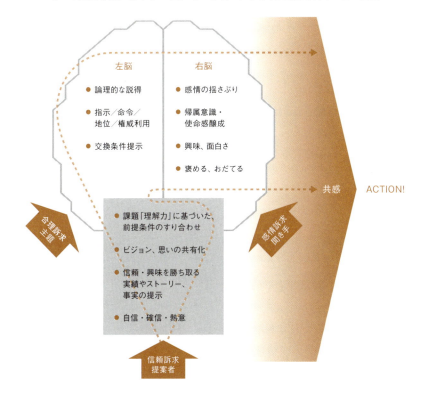

アリストテレス（384〜322B.C. ギリシャ）は著書『弁論術』において、法廷や議会での論争や弁論で周囲を説得するには、3つの要素が重要であるとしています。その論理は西洋における弁論術と、その後の修辞学に大きな影響を与えてきました。その3つとはEthos、Logos、Pathos です。

Ethos（エトス：人柄）

　話し手の人柄や習性。高い人格を示すことにより聞き手から「信頼」に値すると判断させること。弁論の語り手に関する要素。エトスは英語のEthics（倫理や道徳）の語源となった。アリストテレスは「論者の人柄は最も強力と言ってもいいほどの説得力を持つ」と論じた。

Logos（ロゴス：言論）

　個々の問題に関する納得のゆく論、或いは真と見える論に立って証明すること。「合理」的説得をすること。弁論の主題に関する要素。これには帰納と推論（後述しますが演繹のこと）があると論じた。

Pathos（パトス：感情）

　言論に導かれて聞き手の心がある感情を抱くようになること。聞き手を、怒りと穏和、友愛と憎しみ、恐れ、恥、親切、憐れみ、義憤、妬み、競争心などの「感情」へ誘導し判定をさせること。弁論の聞き手に関する要素。

　これら3要素を使いこなすことで強い説得力が生まれると説いています。困難な課題の解決方法を実行に移すために、ここから3つの訴求のバランスから生じる「共感」を勝ち得ましょう。

共感を生む3つの訴求とその順序

　聞き手を説得する要素である「信頼訴求」「合理訴求」「感情訴求」の3つを使いこなすにあたり、成功しやすい順序があります。
　プレゼンテーションは大別すると「導入」「本論」「結び」に分類すること

ができます。それぞれの段階において信頼訴求、合理訴求、感情訴求が求められるのですが、特に導入部分では信頼、本論では合理、結びでは感情の訴求が効果的です。

プレゼンテーションの冒頭は、聞き手との信頼関係は万全で改まっての訴求が必要ないというケースを除いて、まず「信頼訴求」から入りましょう。つまり基本的には「導入（信頼訴求）⇒本論（合理訴求）⇒結び（感情訴求）」というストーリー展開にします。

もちろん、この展開以外のケースもあり得ます。大手企業のトップマネージメントでは少数派ですが、感情訴求が特に効果的な場合には、信頼訴求⇒感情訴求⇒合理訴求の順で、ストーリーの最後に、たとえば経済合理性を提示するという締めもあり得ます。

本書ではここから、オーソドックスな「導入（信頼訴求）⇒本論（合理訴求）⇒結び（感情訴求）」の段階を追って、それぞれのポイントを見ていくことにします。

第2章｜What?　コミュニケーション戦略のストーリーを考える　081

Point 03 ［導入］
SCQで信頼を訴求する

プレゼンの「導入」は映画の冒頭の「つかみ」

プレゼンテーションの最初の導入部分は、映画にたとえるなら、冒頭の「つかみ」です。「この話は本当に入場料と2時間使う意味があるのだろうね？」という思いと、「楽しませてくれよ！」という期待が交錯しています。

同じようにトップマネージメントは「投資に見合う提案かね？」「机上の空論でなく、実行できるプランを聞かせてくれよ」という期待と懸念があります。これらの懸念を払拭するためには、信頼訴求をしっかりして、ワクワクするようなストーリーに巻き込んでいく必要があります。

実際にどのように信頼訴求していけばいいのか、説明しましょう。

SCQで「あなたのコトを理解している」と伝える

まず聞き手であるトップマネージメントに「私は皆さんの悩みや立場を理解しています。ご安心ください。私たちのストーリーを聞きたいでしょう？」と明示的か暗示的かは別として伝えることです。悩みや望みと現状とのギャップを生んでいる根、つまり「課題」に寄り添っていると示すのです。

プレゼンテーションによってトップマネージメントに戦略提言するなら、適切に課題が特定されていると示すことは、信頼を得るための必須条件です。答えるべき課題が曖昧な提案は、議論する意味がありません。

具体的な手法として、バーバラ・ミント[*8]が提唱するSCQA（Situation–

Complication–Question–Answer）モデルを事例で解説しましょう。これは課題特定のプロセスを時系列に口頭で述べ、「プレゼンターは、我々の悩みの根幹を理解している！」と感じていただくものです。

Situation（状況）

プレゼンテーションの冒頭部分として時間や場所の設定を入れたストーリーを構成しましょう。今まで経験してきた安定した状況や、望んでいた理想、目標などを述べます。聞き手の既知のことから述べることでまず肯定を得、そこから次々と疑問を抱かせ、それに対する答えを提示するという展開に、興味を抱かせるための第一歩がSituation（状況）の描写です。

例「御社はこの5年間は第2の経営の柱の模索中です。そこでシニア世代向けの機能性健康飲料を最重要戦略商材として注力してきました」

↓

聞き手の思考と反応「その通り。で？」

Complication（複雑化）

安定した状況からの変化や複雑化した現状を述べます。これが問題の発生とその発見です。

例「健康飲料は参入後3年ですが、売上目標の70％の達成率で大きく未達ですね？　特に想定したターゲットの反応が悪く、予定よりも飲料の臨床試験のエビデンス取得に時間がかかり、新製品がフルラインで出せない折に強力な競合との価格戦争に巻き込まれたという問題を抱えていますね」

↓

聞き手の思考と反応　「そんなことは言われなくてもわかっている」

---

*8　バーバラ・ミント：『考える技術・書く技術』著者。マッキンゼー社にてピラミッド原則を考案した。マッキンゼーをはじめとする世界の主要コンサルティングファームでライティングのコースを教えている。

Question（疑問）

Complication によって誘発される当事者の「課題」です。

例「新しい顧客セグメンテーションを再設定し、機能性飲料のラインアップ拡充と、販売手法を検討して大きく再投資するか、または最近研究成果が出たペット用機能食品で新規事業にチャレンジするか、どうすべきか？　これが早急に答えを出すべき課題ではないでしょうか？」

↓

聞き手の思考と反応「二兎を追うか、どちらかを選択して集中すべきか、確かにそれが悩みの最たるところだ。その答えを知りたい」

ここまでが信頼訴求の「つかみ」です。そして次のステップで、

Answer（答え）

ここから本編のプレゼンテーションに入って、提案します。

例「結論として、我々は近年増加している高齢ペットの飼い主向けに、療法食品市場を狙って獣医師の新しいチャネル施策に経営資源を集中することを提案します。理由として……」

これら SCQ 一連の問いかけで相手の事実認識を確認しながら課題を提示し、最後に A、つまり「解答を聞きたいでしょう？」と繋ぎます。答えを聞けばまた「それがなぜ言い切れるのか？」という疑問が湧くので、そこから本論の説明を始めます。こうすると悩みを正確に理解しているプレゼンターへの信頼と期待を最大限に感じさせてから提案に入ることができるのです。

既に築いた信頼関係のレベルが強固で互いに課題が明白なら、SCQ の S と C の短縮が可能です。バーバラ・ミントはこの導入部分を時代順、経過順が重要である「ストーリー」に仕立てて聞き手をつかむべきと説いています。

［導入］
Point 04 自分やチームのことを語り 信頼を獲得する

FACTと手法を（苦労話にせず）語る

　相手の課題を理解する力を示すこと以外に、プレゼンターやチームの調査、分析結果、スキル、経験などを強調することや、課題に対する思いと、結論への自信・確信・熱意を示すことで聞き手からの信頼を獲得することも可能です。

　プレゼンテーションの冒頭で、本日の結論を導き出した根拠となる事実の調査・分析手法が、精緻かつ網羅性があり、稀少な事実も含まれていることを示すページを1枚にまとめ、さりげなく述べます。たとえば監督官庁、有力な潜在顧客、競合のキーマンなど、通常ヒアリングが容易ではない相手へのインタビュー結果や、大規模な顧客調査、社内キーマンへの網羅的なインタビュー結果、整理されていなかったデータの丹念なクレンジングと分析がなされていることを語るのです。これによって信頼に値する提案であることを強調できます。

　これは初めてのプレゼンテーションで信頼関係が十分確立されていないクライアントに対して、必要に応じて経営コンサルタントが使う手法です。つまり「会社のブランドや私のこれまでの実績から提案を信頼してくれ」ではなく、「ファクトベース：厳正な事実確認と分析に基づいている」ことを実証し、コンサルタントとしての能力やスキル、プロセスの確からしさに裏打ちされた報告・提言であることを示し、信頼を得る手法です。そうすることでその後の合理訴求にも繋がるのです。あまり冒頭でくどくどと述べると苦

第2章 ｜ What? コミュニケーション戦略のストーリーを考える　085

労話の押し付けに聞こえるので、あくまでさらっと流しつつ信頼を勝ち得るところがワザです。そして導入の最後には「インタビューに応じてくださった役員の皆さまにはご協力と貴重なご意見をいただき、ありがとうございました」と添えて、本論に入ります。

パーソナルストーリーを語る

　導入部でパーソナルストーリーから入り、相手の信頼を得る手法を紹介しましょう。

　パーソナルストーリーとは、課題に対する個人的な思いをストーリー化したものです。個人の思いが当該企業や聞き手のことを真摯に思うものであれば、それが信頼訴求に繋がるので、ひいては共感に繋げることができます。自分の物語と会社の物語をSCQ（状況⇒複雑化⇒疑問）の順で重ねたストーリーにしましょう。これまでの個人的な実績を手短に語ることも可能です。ただしやりすぎないこと。

　事例を挙げましょう。あるサービスを提供しているクライアント企業のプロジェクトで、若手の営業担当者が社長に対してプレゼンテーションをしました。彼にはパーソナルストーリーを取り入れた「つかみ」の指導をしましたが、それを実行しました。

　「関西支店の営業XXです。社長。今日はどうしてもお伝えしたいことがあって、プレゼンターを志願しました。私は入社以来7年間この会社に誇りをもって営業してきました。でも半年前にコンビニで昼食を買おうと駐車したら、そこの店長が飛び出してきて『ここに営業車両を駐車するな！　俺はおまえの会社が嫌いだ』と罵られました。ひどいショックを受けました。営業所でこの体験を話すと、この顧客が特殊なわけではなく、同じような体験をした営業員が大勢いました。理由を皆で話し合いましたが、受注至上主義でボーナスを付与するために、強引な営業と、売ったら売りっぱなしという行為が横行していることが原因です。いかに営業行為を顧客志向にしていく

べきか？　これは我が社の大きな課題なのではないかという思いが膨らんで、このテーマに取り組みました」と切り出しました。

このストーリーを聞くや否や社長は「営業本部長をすぐ呼んでくれ！」と反応し、実情と見解を問いただしました。そのプレゼンテーションの後ほどなくして、次期から営業手法と営業インセンティブが大きく変更されました。社長曰く、「顧客は取って半分、続いて半分」で、受注して0.5ポイント、6カ月以上継続したときに0.5ポイント加算という、継続を重視した営業方針に変更したのです。

導入でパーソナルストーリーを語っただけでなく、幹部社員へのヒアリングで顧客の継続率の悪化が社長の悩みであることを確認してありました。1000名を超えるウェブアンケート調査と分析結果から「強引な営業行為で、そのブランドが嫌いになった」という回答が4％あったことと、アンケートの自由記述欄に書き込まれた辛辣なメッセージを抽出して述べ、ブランドの毀損状況も合理的に指摘しました。社長の決断はそれらの合わせ技の成果ですが、社長の決断に対して、一営業個人の体験として語られた冒頭のストーリーが最大の要因ではないかと、私は見なしています。パーソナル・ストーリーから入って信頼を獲得し、感情＋合理訴求に繋げ、共感を得ることができたのです。

自信・確信・熱意を示す

自信・確信・熱意のない説得は聞き手の心に刺さりません。信頼を得るには冒頭から課題の定義、その提案を心から信じて語っていると、感じていただく必要があります。

そのための詳細なパフォーマンスのヒントは第4章で解説しましょう。

第2章 ｜ What? コミュニケーション戦略のストーリーを考える　087

Point **05** ［本論］
合理的なストーリーラインはピラミッドで考える

合理訴求する3つの方法

　プレゼンテーションの導入で信頼を勝ち得たら、いよいよ本論に入ります。本論では、理にかなった説得をすることで、合理訴求することが重要です。
　合理訴求の方法には大きく分けて以下の3つがあります。

①なぜその提案が妥当かを論理的に説得する。そのためにはピラミッドの論理構成が必要です
②地位や権威を示し指示や命令、説得をする。職務上や立場上のルールから説得をします
③交換条件を提示し説得する。Win-Winの条件を提示し合理的な落としどころを見つけます

　②と③の2つは通常の説得手法として理解しやすいので、特にここでは説明しません。ここからは、トップマネージメント向けのプレゼンテーションにおいて一般的で、かつ実行にノウハウが必要な①の、論理的に説得する方法を解説していきましょう。

合理的なストーリーラインを生み出すピラミッド構成

　プレゼンテーションの内容を相手に「合理的だ」と思わせるには、本論の

ストーリーラインをピラミッド構成から作ることが効果的です。

ピラミッド構成とは、特定した課題とメインメッセージ（主な意見、結論）を頂点とし、上部階層から、下部階層別に序列をつけて、その根拠となるサブ・メッセージであたかもピラミッドのブロック石のように、論理的に支持する構造のことです（図表2－2）。

ピラミッド構成の重要な2要件は、①縦軸が課題とメイン・メッセージに対して、「なぜそう主張できるのか？」というサブ・メッセージとして真なる事実か判断基準で支えていることと、②横軸がMECEに関連付けされているか重要事項が並んでいることです。

図表2-2　ピラミッド構成

ピラミッド構成は、縦軸で課題に対する結論を、その理由である補助メッセージ（判断基準、事実）で支え、横軸はMECEに関連付けされることで成立する

このピラミッドは、第1章で行われた分析をもとに構築します。そして
ピラミッドができあがったら、各ブロックからテキストを抽出し、並べるこ
とで、論理的なストーリーラインの骨子ができあがります。さらに、そのス
トーリーラインに、物語としての山場を描写する効果的な場面を追加した
り、流れがわかりやすい時系列に順番を適宜入れ替えたりすることで、効果
的なストーリーが生まれるのです。

　では、なぜピラミッド構成をもとにストーリーラインを作ると、論理的
な、つまり合理訴求ができるストーリーが生まれるのでしょうか。それは、
相手に伝える意見や結論に対して、その判断基準や論拠となる事実が明確に
紐付けされ、可視化されているからです。また、結論がまず先に述べられ、
その後で根拠として理由が述べられるという構成も、論理的に納得感を得ら
れやすいのです。最初に結論が述べられるので、特に多忙でせっかちなエグ
ゼクティブマネージメントへのプレゼンテーションには最適な方法です。

　なお、ピラミッド構成についてより深く理解していただくために、ここで
「起承転結」の構成と比較しておきます。4行からなる漢詩の絶句の構成か
ら来ている「起承転結」は、ストーリー展開と言えば、日本人にはこちらの
方がなじみの深い形でしょう。

　起承転結は、それぞれの行での展開が決まっている定型詩なので、4コマ
漫画のような簡単な物語の構成では力を発揮します。また、講演などでその
主目的がエンターテイメントであれば使用して良いでしょう。

　しかし残念ながら、相手を合理的に説得するビジネスプレゼンテーション
の場面でこの構成は問題が多いのです。ここでそれぞれのメリットとデメ
リットを比較します。

| 図表2-3 | 起承転結とピラミッド構成 |

	起承転結	ピラミッド構成
メリット	● 物語の構成手法としては小中学校の作文技法として学習しているので、日本人になじみが深い ● 時間の経過に沿っているのでストーリーの流れが自然な思考に近く、感情訴求しやすい	● 結論が先、理由付けが後で、論理展開が冒頭から分かるので、聞き手に安心感を生む ● 冒頭に聞いた結論が想定外であっても、これからその結論に至った理由を説明していくという設定をご理解いただくので、途中で矛盾する論点や事実が出てきたときに、論理の甘さをお互いチェックしやすい ● 聞き手は「どうしてこれが結論なのだろう?」と、先回りして思考が動き出すので、「単なる聞き手」から「能動的な参加者になる」。その疑問点に質疑で対応ができれば納得感が得やすい ● 構造が三角形のブロックとして独立して扱えるので、急な時間の短縮を要求されても対応が可能。まずストーリーラインの骨子を手短に説明し、聞き手にとって一番関心のある部分をお尋ねして、その下の論理と事実だけを簡潔に説明することができる ● いったんピラミッド構成を構築すれば、それがストーリーラインやメモ、プレゼンテーション資料などへ、組み換えて展開しやすい
デメリット	● 「結」の時点まで結論を伝えないと、こらえ性がないトップの方が早く聞きたがり、いら立つ場合がある。(経験上このケースは多い) ● 「転」のところでロジックが飛びやすく、納得感を損ないやすい ● 急な時間短縮の要望に対応しにくい	● 結論を先に述べるので、ユニークなアイディアの盛り上がりを演出しにくい

第2章｜What? コミュニケーション戦略のストーリーを考える　091

ピラミッド構成のデメリットと、その対応

　ピラミッド構成の「結論を先に述べる」という特性は、メリットである反面、実はピラミッド構成の数少ないデメリットにもなります。きちんと考えて使わないと、ストーリー展開上、新しいアイディアの登場感を欠いてしまうなど、プレゼンテーションの面白みを殺ぐ可能性もあります。

　たとえば新製品の発売キャンペーンで、聞き手が想像もできないような人気芸能人を起用するアイディアを発表するとしましょう。たとえこのアイディアが「結論」であったとしても、ここがプレゼンテーションの盛り上げどころであれば、冒頭に述べる必要はありません。プレゼンテーションで提言の結論とその根拠を述べる場合、導入部分ではキャンペーンの背景と、意外な仕掛けを企画している旨と、その戦略上の意味合いを述べるにとどめ、期待を持っていただくようにします。そして、具体的に何をすべきかを説明する後半部分で、人気芸能人を起用するアイディアを述べれば良いのです。

　また、もし聞き手に耳障りな結論を伝えざるを得ない場合、それを冒頭から告げることへの懸念もあるでしょう。そんな場合は、まず「ここから、御社にとって厳しい結論を申し上げなければなりません。心してお聞きいただきたいのですが、その最悪のシナリオからの結末をいかに避けるか、またはダメージを最小化する打ち手についてお話しします」と切り出しましょう。避けようとしても結局聞くことになる悪いニュースは、聞き手の心情を慮る態度を示しつつ、早めに伝えるべきです。その状況を前提として想定いただき、冷静な判断を仰ぐのです。

　次の節から、ピラミッド構成の作り方を具体的に見ていくことにします。

［本論］
Point 06 ピラミッド構成の作り方（ボトムアップアプローチ）

基本はファクトベース思考と「空・雨・傘」

　ピラミッド構成を作成する上で、2つの基本的な思考法が必要になります。ファクトベース思考と、「空・雨・傘」です。この2つは、コンサルティング会社に入社した新人が最初に鍛錬させられる思考法でもあります。

　まず「ファクトベース思考」とは、日本語にすると「事実に基づいた思考」のことです。第1章で行った調査や分析によって発見した重要な事実（ファクト）をもとに、「So–What（だから何が言えるのか？）」と何度も自問して戦略的な意味合いを創出する。これがファクトベース思考で、当然そのファクトは、取得した調査手法、時期、サンプル数、取得者の確からしさなど、信頼に値する真なるものでなくてはなりません。ファクトの前では誰しも平等であるからこそ、クライアント企業のマネージメントと比して業界知識、経験が浅くてもコンサルタントは戦略の提案ができるのです。

　そして、確かなファクトをスタートラインにして、「So–What（だから何が言えるのか？）」と何度も自問して「空・雨・傘」つまり、「事実・解釈・結論」の流れをつないでいく。これがピラミッドを構成する基本的な手法（ボトムアップアプローチ）です。

　図表2−4の上部を見てください。ここでは、「空は青い」事実（ファクト）から「これから雨は降らない（だろう）」という推論、つまり意味合いをサブ・メッセージとして抽出しています。そして更にSo–Whatと思考を進めることで「傘は置いていく」というメイン・メッセージ（主な意見、結

論）を導き出しています。

　ちなみに、「傘は置いていく」という結論を得るためには「空は青い」という重要な事実が必要ですが、たとえその事実を入手していても、そこからは「雨は降らない」以外に、たとえば「日差しが強い」などの別の意味合いを抽出することも当然可能です。なので、空・雨・傘の論理展開を考える上では、聞き手の課題解決に対応していなければ分析の意味がありません。

　また、プレゼンテーションのストーリーライン、つまりピラミッドの論理構成としては、「空→雨→傘」ではなく、その課程を逆になぞり「傘→雨→空」と組み直します。たとえば、課題に対する聞き手へ「結論：傘はおいていくべき」をまず提案し、その上でWhy-So（なぜならば）と、それを複数のサブ・メッセージである「雨」「空」で支える形に構成するのです（図表2-4下部参照）。

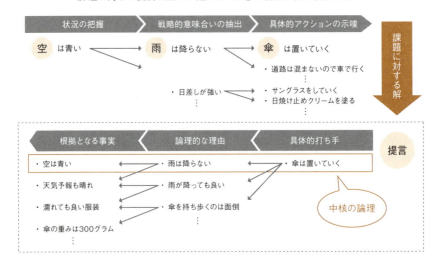

図表2-4　空「事実」・雨「解釈」・傘「結論」

ボトムアップアプローチの実践例

　ボトムアップアプローチでは、特定した事実（空）をピラミッドの底でまとめ、「So–What？」（だから何が言えるのか？　結論は？）と上方に向けて集約しながら結論をまとめていきながら、「空・雨・傘」の論理を構成していきます。

第1ステップ「空」：重要事実を出しグルーピングする

　調査・分析の結果得られた事実を付箋やホワイトボードなどに書き出しましょう。チームで作業する場合は、全員で全体観が持てるように表示します。次にその事実を共通事項でくくってグループ化し、意味合いを「So–What？」と考えてみましょう。

　これらの作業はPCとプロジェクターを活用する場合も増えています。しかしながら個人的な体感では、それよりもチームで歩き回ってホワイトボードに色を変えたマーカーで実際に書き込み、ポストイットなどを貼ったり、括ったり、移動させたりと肉体を動かしたほうが、「身体性」を発揮する、つまり身体という物理的存在が外界と接触することが、感情、直感を生み、知識構築に良い影響を与えると思います。近年この身体性という概念は認知科学上、重要視されています。

　「So–What？」の使い方には、「洞察」（＝「異質な結論に飛ぶこと」によるもの）と「観察」（＝「共通性をくくること」によるもの）があります。先出のストーリーラインで示した「ペット療法食市場」の事例を使って、まずはピラミッド構成の基礎として解説しましょう。

　この事例の根拠1、「高齢で疾患を持つペットの飼い主向け療法食市場は拡大傾向で、高収益が見込まれ魅力的」という構成は、

- 高齢ペットは増加し療法食市場は160億円と未だ小さいが年5％以上の成長見込み
- 飼い主は通常品より15％高価格品を購入する傾向
- 飼い主はペットの療法食を獣医の推奨で継続購買する比率が61％

という3つの事実をグルーピングし、So–What？と「洞察」を行い「魅力的な市場」という意味合いを抽出し、上位の根拠1の文章を支えています。3つの要素の主語はそれぞれ異なりますが、述語の「成長見込み」と「高価格帯を購入する傾向」「継続購買」というキーワードから、洞察によって一段上の、異質な意味合いに昇華しています。

その洞察の判断基準をチャレンジされる可能性があれば、「5％以上の成長市場」がなぜ「魅力的」と言えるのかを論証します。たとえば「自社の他事業市場の伸長率との比較で、高いから」「他の未参入市場との成長率比較で高いから」「成長市場は需給バランスが崩れている場合が多く、新規参入者でも顧客獲得できる可能性が高いから」「市場が急成長している局面では競合が低価格戦略で訴求する動機付けが低く、マージンを確保しやすいから」など、その判断基準を説明する必要があります。更に深く判断の根拠を問われたら、判断に至った、統計的に検証された事実、事例、信頼するに足る専門家の意見など、サポートする事実を提示することになります。

一方で理由2「有力他社は最近進出または検討中で、勝ち組は決まっていない」というメッセージは、

- 外資大手X社は未参入で検討中。海外では大型犬用中心
- 大手Y社は参入後、トラブルがあり停滞
- 中堅Z社は最近参入し成長中。他競合の売上規模は小さくシェアの寡占度は低い

の3つで、それぞれの主語である3つの競合企業の対応を「観察」してSo–What？と共通項を要約して意味合いを抽出しています。

第2ステップ「雨」：MECEに戦略的な意味合いを3〜5のグループにする

第1ステップの事例では、「3つの事実を根拠に1つの意味（洞察）を支えている」グループがいくつかできあがったと思います。次にステップ2では、聞き手を分析し、決定者の嗜好に合わせ、その各グループの「論理の型」を、演繹法、帰納法、関係論証法のどれにするかを決めます（「論理の型」

については後ほどご紹介します)。

そして、できあがったいくつかのグループから、そのつながりを横軸として、重要度のレベルに留意しながらMECEに3〜5のグループに集約し、括り直します。なぜ「3〜5」という数にするのか。認知心理学者ジョージ・ミラー[9]の「マジカルナンバー7±2」という論文では、人が短期的に覚えていられる情報学上の塊は、個人の能力レベルにも依りますが7つを基準にプラスマイナス2(5から9の間)だそうです。また、スティーブ・ジョブズの名プレゼンテーションでも「この商品の特長は3つ」と説明することは知られていますが、多くのプレゼンターも主なトピックを3つにまとめます。これは3つという数字はマジカルナンバーの最低限である5より少なく、安定感があるので記憶に残る可能性が高いからです。

3〜5つのグループに括った後、集合ごとに1段上のレベルに括って抽象度を上げ、その意味合いを書いてみましょう。ホワイトボード上ならばマーカーの色を変え、付箋ならばグループの上部に1サイズ大きい紙片で書きます。あとは「So-What?」と「Why-So?」を繰り返して縦軸の整合性を確かめます。

次に横軸の構成を考えてみましょう。横軸の構成について、先ほど登場したバーバラ・ミントが3つの原則を説いていますので紹介します。

1.どのレベルであれメッセージや事実はその下位グループを要約する
　　事例ではペット療法食市場を3つのポイントで特徴を説明し、それが「高齢で疾患を持つペットの飼い主向け療法食市場は拡大傾向で、高収益が見込まれ魅力的」を要約しています。

2.グループ内のメッセージは常に同じ種類のものにする

---

[9]　ジョージ・ミラー(George Armitage Miller, 1920〜2012年):米国の心理学者。プリンストン大学教授。認知心理学を先駆けし米国心理学会の会長を歴任。論文は「The Magical number seven, plus or minus two:some limits on our capacity for processing information」。

主語でまとめるか、述語の意味合いでまとめてみましょう。事例では
競合3社の状況を共通項でまとめています。

3．各グループ内のメッセージは常に理論的に順序づける
- 演繹法の順序：大前提・小前提・結論
- 時間の順序：1番目・2番目・3番目
- 構造の順序：東西、北南など
- 序列の順序：最重要なことから軽度のもの

　事例では理由3で、製造業のビジネスの構造ステップとして、製造業の事
業構造を、技・製・販と順に述べ、「自社は技術・製造・マーケ、販売におい
て成功するための経営資源を有している」と、要約しています。時間、構
造、序列はMECEか、または根拠として重要な項目を網羅していなければ
なりません。

第3ステップ「傘」：結論を抽出する。聞き手に合わせて調整する
　まとめたメッセージを最終的に1つに束ね、メインメッセージを抽出しま
す。その際、第1章で行った聞き手のDMU（意思決定ユニット）分析の
「決定者」を中心に「影響力者」とのパワーバランスや、課題に対する立場
を思い起こし、メッセージを抽出しましょう。
　事例ではトップマネージメントが長年の懸念点であった成長市場への参入
を模索するにあたり「新規事業開発部はペット事業において5年後に30億円
以上の営業利益を得るには、どの顧客をターゲットとして市場に参入すべき
か？」という課題を設定し、「高齢で疾患を持つペットの飼い主向け療法食
事業に、早急に進出をすべき」というメッセージで答えています。

Point 07

［本論］

ピラミッド構成の作り方（トップダウンアプローチ）

ボトムアップからトップダウンへの切り替え

先ほどご紹介したボトムアップアプローチは、いわば初級者向けのピラミッド構成の作り方です。これを踏まえた上で、より実践的な、少し上級者向けのピラミッドの作り方、トップダウンアプローチを紹介します。

おさらいですが、ボトムアップアプローチは事実として下から言えることを広範囲な要素から積み上げて結論を導き出すアプローチです。このアプローチは、合理訴求できるストーリーラインのもととなるピラミッドを作る基本的な手順なのですが、実際問題としてこのやり方には限界があります。

たとえば初級者でよくありがちなのは、結論の「傘は置いていく」に仮説レベルとしても確信が持てず、また別の仮説の解も持たないため、いつまでもボトムアップで「空」、つまりファクトの探索を続け、第1ステップである「状況の把握」にとどまってしまうことです。あれもこれもとファクトの収集に時間と力を注いでしまい、なかなか結論にたどり着けません。これをAnalysis Paralysis、つまり「分析しすぎて、何が重要な事実か感覚が麻痺し、作業のコストがメリットを越した状況」と言います。

ピラミッド構成を作る最初のスタートは、ボトムアップアプローチで進める必要がありますが、こうしたAnalysis Paralysisに陥らないためには、途中でトップダウンアプローチに切り替える必要があります。上級者になるほどこの切り替えのタイミングが早いのです。

トップダウンアプローチとは、なるべく早く仮説的な結論を見つけ、それ

第2章 │ What?　コミュニケーション戦略のストーリーを考える　099

を上から「なぜなら」と論理構築を落としていくアプローチのことです。たとえば「傘を置いていく」という結論と、それを下支えする「雨は降らない」「空は青い」というサブメッセージが「中核の論理」になり得る、つまり強力な仮説であると認められるなら、ボトムアップアプローチを続ける（空→雨→傘で他の結論の仮説を探す）ことを中断し、早いうちにその仮説の検証のプロセスに入ります。つまり、「雨は降らない」というサブメッセージを別の視点で支える他のファクト「天気予報も晴れ」を探すのです。また、それに並行して「雨が降っても良い」という大胆な、他のサブメッセージの仮説を立て、それを証明して論理を支える「濡れても良い服装」をしているからという事実を探しに行くのです。こうしたトップダウンアプローチは、ボトムアップアプローチとくらべて、より早くピラミッドを構築できるだけでなく、よりエッジの効いたピラミッドの構築を可能とします。

図表2−5　ボトムアップとトップダウン

早期に仮説思考でまず言いたいことをメッセージ化しトップダウンアプローチを採る。
できなければボトムアップで、中核の論理を作る

縦軸：So What？ Why So？の対応
横軸：MECEまたは重要事項の提示

So What？

ボトムアップ
アプローチ

MECE

Why So？

トップダウン
アプローチ

MECE　　MECE　　MECE

100

ピラミッドの構築方法としては、初めはボトムアップアプローチ、つまり下からの積み上げ手法を学習して、早めに上級者のトップダウンアプローチを体得するようにしましょう。コンサルティングのプロジェクトにおいては、このアプローチをボトムアップからトップダウンにどれだけ早く切り替えることができるかが、成功の鍵となります。

　なお、トップダウンアプローチは決して「都合のいい結論の決めつけ」ではありません。良い仮説思考ができていて初めて活きるアプローチです。経験上、「このコンサルタントはキレる！」と、脱帽するような課題解決とプレゼンテーションの上級者は、このアプローチの巧者でした。

トップダウンアプローチの実践例

　ボトムアップアプローチを開始して、確からしい仮説が見えてきたとき、あるいは、ピラミッド構成の作業を開始する時点ですでに仮説（主張できるメインメッセージ）がある場合は、トップダウンアプローチを採りましょう。
　序章のPoint02（p.21）で述べたように、強い初期仮説を想定しプロジェクトを進めてきた場合は、プロジェクトの第2フェーズから大まかなストーリーラインとコマ割りチャート（絵コンテ）を想定してサブ・イシューの分析作業を開始しているので、重要な仮説の検証ができた時点で以下の第1ステップと第2ステップに進みます。早期に仮説的な尖った結論を導き出しその検証を繰り返すことで、万一仮説が間違っていてもプロジェクトを立て直せる可能性が高くなります。

第1ステップ

　まず、SCQ（状況・複雑化・疑問）で課題を書きます。その後、それに対応する仮説的な結論を書いてみましょう。

第2ステップ

　仮説的結論を「Why–So？（なぜ、そう言い切れるのか）」と支えるサブ・

メッセージを抽出するための論理の型として、演繹法、帰納法、関係論証法のどれを使うか決定します（それぞれの特徴と具体的な選択手法は次節で述べます）。

そして、論理を満たす事実、または判断基準の根拠をサブ・メッセージとして下支えするように置いてみます。このとき、何度か「Why–So？」と疑問に感じる縦のつながりを行き来します。それからその支えを3〜5つに括ります。最後に、各レイヤーの横軸が同じ種類でMECEになっているかを確認し、足りない視点があれば追加します。

第3ステップ

サブ・メッセージの一部が論理的に脆弱な場合は、支える事実が不足していると考えられます。それを補うための調査と分析にそれ以降の時間と労力を傾注します。新たな事実が得られ、万が一仮説が否定されたら第1ステップからやり直し、その新事実に即したメッセージに全体を調整します。

［本論］ 3つの「論理の型」を使いこなす

Point 08

論理構築には3つの型から1つを選択する

先ほどから何度か「論理の型」という言葉を使ってきました。論理の型とは、ピラミッドを構成する事実と判断基準の並べ方のことです。合理訴求に関して言うと、この論理の型は3種類存在します。

アリストテレスが「論理的推論によって人を説得する証明方法は、演繹法と帰納法である」と解説をして以来、この2つの推論は長らく西洋の論理学で活用されてきました。この2つに、私が関係論証法と呼ぶ論理形式を加えたものが、3つの論理の型です。

視覚的に3つの違いについて確認してみましょう。図表2-6をご覧ください。帰納法では結論を各サブメッセージが同等列で支えます。一方で演繹法と関係論証法は、結論を左回りの3角形で結んでいます。

ピラミッドの構築にあたっては、この論理の型を、聞き手のキーパーソンのプレゼンテーションに対する嗜好や態度によって調整していく必要があります。その手法を次節から詳細に解説していきましょう。

第2章 ｜ What? コミュニケーション戦略のストーリーを考える 103

図表2-6　3つの論理の型

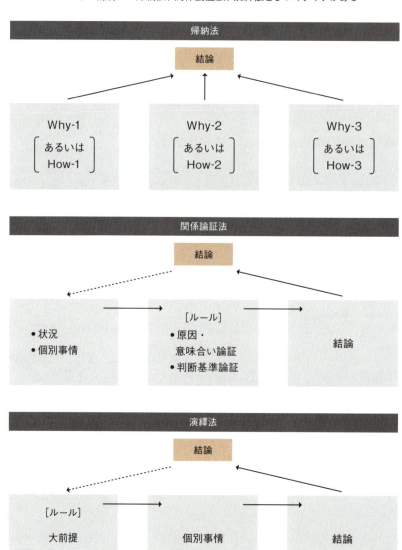

[本論] 単刀直入が好きな相手には「帰納法」でピラミッドを整理する

帰納法とは何か?

　帰納法とは、個々の特殊事情から共通する一般的・普遍的な法則や結論を導き出す推論方法です。1つの結論に対して論旨が1対1でつながっていて、根拠を「Why1」「Why2」「Why3」……と並列に並べます。あるいは具体的に何をするか、サブ・メッセージで下から支え、それが実行可能な根拠として「How1」「How2」「How3」……と横軸の要素がそれぞれ結論と1対1でつながっている形式もあります。WhyもHowもいずれの帰納法も各論旨は横軸でMECEに構成されているか、または重要で具体的な事象にするべきです。

　帰納法の長所は結論と根拠が対構造で、単純明快でわかりやすいことです。また、異なる根拠が何度も繰り返されつつ、結局は同じ結論を支えて主張されるので、聞き手にプレゼンテーションの結論に自信があるという印象を与えます。このため、行動重視で直感的な判断をする聞き手を説得する際には適しています。特に、長時間のプレゼンテーションの場合はメイン・メッセージを支える第1列のサブ・メッセージに採用しましょう。演繹法は結論に到達するまでに時間がかかるので、聞き手がストーリーを見失うことがあるからです。

　単刀直入な表現を好み、せっかちで行動重視のトップマネジメントには帰納法を試しましょう。近年、行動重視のトップが多いせいか、この構成が増えてきている気がします。

図表2-7　帰納法の論理の型

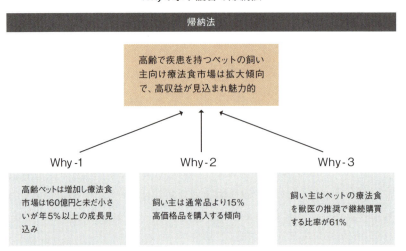

帰納法を具体的にどう使うか

　帰納法には弱点があるので、注意して使用してください。
　帰納法は例示から普遍化するので、新たな結論を創出する可能性を持つ推論です。事例ではSo-Whatの「洞察」によって結論にジャンプが生まれています。説明を求められたら、そこで納得していただく判断基準を提示しなければなりません。
　また、例示から普遍化するため、例外の可能性を否定できません。つまり帰納法は確率や蓋然性、つまり事象が実現するか否かの確からしさを推論しているのです。また、実証したデータの取得条件がそのまま持続していることが前提で、成立します。

　たとえば、
「フィリピンの一人当たりGDPはP％伸びていて、購買力が大きく向上し

ている」

　「インドネシアの一人当たりGDPはQ％伸びていて、購買力が大きく向上している」

　「ヴェトナムの一人当たりGDPはR％伸びていて、購買力が大きく向上している」

　「タイの一人当たりGDPはS％伸びていて、購買力が大きく向上している」

　この結論として、

　「東南アジアでは一人当たりGDPが伸び、購買力が大幅に向上している」

　とするなら、例外の国もありえます。この場合東南アジア11か国の事例をすべて網羅するか、データの対象が多ければ統計学的に必要なサンプル数を確保し、統計的な有意差（意味のある差）を証明して初めて確からしい結論付けができます。実際には例外の存在が、その後の打ち手の実行に問題を引き起こさない場合は帰納法の推論から導いた結論を用いても良いのです。この場合GDPの総額から主要国を例示し「主な東南アジア諸国では」と示し、「主な」の基準を示しましょう。純粋な論理学の原則を追究する必要はないので、ビジネスプレゼンテーションの例証では聞き手を説得するために十分なレベルを確保しましょう。

　短期・中期・長期など時間の順序でなすべきことを述べることや、漏れなくダブりない構造を提示してそれぞれの要素から論理を組み立てる帰納法もあり得ます。たとえば、3C（市場・顧客Customer、競合Competitor、自社Company）のように認知度の高いフレームワークを活用して結論を論理構成すると、周囲の理解を得やすいでしょう。ここに、事業環境の分析で重要なプレーヤーであることが分かったなら、流通経路ChannelのCを加えて4Cを使用することになり、協業者Collaboratorを加えれば5Cとすることもできます。

第2章｜What？ コミュニケーション戦略のストーリーを考える　107

これだけが帰納法の代表的な事例ではありません。論理的な支持理由が
MECEになれば良いのです。たとえば横軸に国内、アジア、アジア以外の
海外という3地域をとり、高価格、中～低価格、の2価格帯を縦軸とし、6
つの象限で市場を分類します。すると「我が社はアジア市場の高価格セグメ
ントに注力すべき」という結論を根拠として支えるには、

　「アジアで高価格市場は大きく伸び始めていて、明確な勝ち組はいない。
発売した新製品の需要度が高いので、資源を集中すればシェア拡大の可能性
あり」
　「アジアの中～低価格セグメントでは、強力な競合A社の独壇場で付け入
る隙がない」
　「アジア以外の海外市場は、成長率が低い上に競合A社とB社に席捲され
ており、全価格帯で進出が困難」
　「国内市場は全価格帯で縮小し、競争激化で不採算に陥り、シェア拡大も
難しい」

　という論理構成も帰納法として成立します。

　HOW型の帰納法の事例も示します（図表2－8下側）。「短・中・長期プラ
ンで富裕層を狙い、このセグメントシェアNo.1を確保する」という結論に
対して、具体的に「なぜそれが可能か？」という根拠をHow1、How2、
How3で示しています。

図表2-8　帰納法による論理の型の例

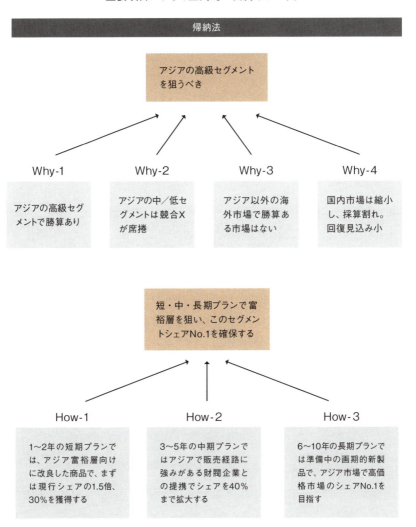

第2章 | What？ コミュニケーション戦略のストーリーを考える

[本論]

Point 10

じっくり説得が好きな相手には「関係論証法」でピラミッドを整理する

関係論証法とは何か?

関係論証法とは、3ステップで結論を導きだす論理の型のことです。

1. 把握した現状、問題を述べるか、状況の設定から始まり
2. 現状を引き起こした原因の究明・意味合い抽出、または、判断基準を正しいものとして仮説的にルールとして述べ
3. 解決法や論理的帰結を述べる

たとえばこんな構成で、現状から物語的に結論を推論していく論理です。ボトムアップアプローチの際に使用した「空・雨・傘」の順序そのまま「空は青い⇒雨は降らないだろう(という仮説的判断基準の提示)⇒傘は置いていく」と述べる形もこの一種です。

ステップ2で「原因の究明・意味合い抽出」を提示する場合と「判断基準」を提示する場合の例を以下に紹介しておきます。

ステップ2で原因を究明・意味合いを抽出する例
① 「成長を期待されていた機能食品カテゴリーのマーケットシェアが急激に20%低下した」
② 「シェア落ち込みの激しい地域の要因を、仮説を立てて検証する。低下の主原因は競合Aに主要小売店向けバーゲン販売で顧客を奪われているこ

とではないか？」

③「仮説は正しく、この傾向は拡大する可能性が高いことが証明できた。早急にバーゲン対策で競合Ａから顧客を奪い返すべき」

ステップ2で判断基準を提示する例

①「可能性のある提案はＡ案、Ｂ案２つある」

②「我が社の現状の経営状況での判断基準は、売上の向上ではなく利益率の向上である」

③「Ａ案はＢ案よりも売上では劣るが利益率で優るのでＡ案が望ましい」

　この手法はストーリーの流れが時系列で自然なので、諄々とした語り口を好む聞き手に適しています。じっくりと順序立ててストーリーを聞きたいと感じる、熟考型のトップマネージメントにはこの形を試してみましょう。また、事前に提案に反対しそうな気配を感じた時も、この型をお勧めします。

図表2-9　関係論証法による論理の型の例

Whyで示す論旨で、関係論証法

関係論証法

高齢で疾患を持つペットの飼い主向け療法食事業に、早急に進出をすべきである

状況	原因・意味合い 判断基準の論証	結論
第2の収益の柱の創出は喫緊の課題で、事業部から提出分とプロジェクトからのアイディアを精査した結果、現在17の新事業テーマが選択された	新規事業で早期に収益を狙うならば、参入市場の利益構造に魅力があり、現行の強みの機能商品開発力を軸足として活かし競合に勝てる、という2条件が必須	高齢で疾患を持つペットの飼い主向け療法食市場は、2条件を満たす。勝ち組が固定する前に、機能商品開発力のシナジーを発揮するプランを構築し、早急に参入すべき

第2章｜What？ コミュニケーション戦略のストーリーを考える　111

関係論証法を具体的にどう使うか

　関係論証法[*10]の留意すべきポイントにも触れておきましょう。論理構成がしやすいので多用される型ですが、ステップ2の「原因の追求・意味合い抽出」や「判断基準の提示」で反論されると大きく説得力を失います。ステップ1で把握した現状を説明する、もっと納得感のあるルールを仮説として反証される危険性があるのです。たとえば「原因の追求・意味合い抽出」の例において、ステップ2で、「シェア低下の主原因がバーゲンでの売り負けが問題ではないのでは？　この商品カテゴリーは定価販売の売上が大きい」などと疑問視されれば納得感が失われます。

　また「判断基準を提示」する例で、「判断基準は利益率」という基準そのものを「利益率ではなく、キャッシュフローの額がより重要では？」などと疑問視されると、聞き手の納得感が得られないことになります。

　関係論証法は「個別事象⇒ルール⇒結論」という展開です。次節で解説する演繹法も「ルール⇒個別事象⇒結論」という展開で、双方とも聞き手に「ルール」への納得感を生み出すことが肝要です。

---

*10　帰納法の一形態として、チャールス・サンダース・パース（1839〜1914年　米国の論理学者、哲学者）が提唱した仮説的推論（アブダクション：Abduction）という論理の型もある。①ある新規の事実、出来事の抽出⇒②基盤原理の仮説設定⇒③仮説の証明、結論　という流れになる。ここでは結論といっても新たな仮説の設定となる。新たな命題の仮説を案出するのには適している。仮説構築時に発想のジャンプがあり、推論にとどまるため必然的な結論を述べるには説得力に欠ける。
『ロジカル・シンキング』（東洋経済新報社）で照屋、岡田氏は論理の構成法として「解説型」を提唱しているピラミッド構成の横軸の流れは、①「事実」⇒②「判断基準」⇒③「判断内容」としている。
『イシューからはじめよ』（英治出版）で安宅氏は、空（課題の確認）・雨（課題の深掘り）・傘（結論）であるとしている。

[本論]

Point 11

厳格な論理を望む
相手には「演繹法」で
ピラミッドを整理する

演繹法とは何か?

演繹法とは、大前提と個別事象との関係を論証していく論理の型で、多くの場合、過程を3つに分けて推論します。

①大前提（ルール　つまり是非の判断基準）
②小前提（ルールの範囲内にある個別の事情）
③結論（そこから導かれる論理的推論）

これらが一連の流れとなって一段上のメッセージを下から支えます。以下は演繹法として広く知られている三段論法の事例です。

「ソクラテスは人なので死を免れない」
大前提：「人はみな死ぬことを免れない」
小前提：「ソクラテスは人である」
結論：「ソクラテスは死を免れない」

大前提が正しいと肯定されれば、結論は絶対的に正しい結論になります。精緻な論理を好む聞き手に適していて、アリストテレスは論理として帰納法よりも説得力に勝ると述べています。

図表2-10は、ペット療法食市場について三段論法でわかりやすく結論を

第2章｜What?　コミュニケーション戦略のストーリーを考える　113

構成している例です。参考にしてください。

　聞き手が厳格な論理を好み、多少回りくどい議論に対しても許容力があると判断したならば「演繹法」を試してみましょう。

演繹法が意外に使われていない理由

　概念としては知っていながらも、演繹法をプレゼンテーションに活用しているビジネスパーソンは少数派です。私の経験上、例外は法律家で、法曹界では大前提として提示できる法律が存在するので、

図表2-10　演繹法の論理の型

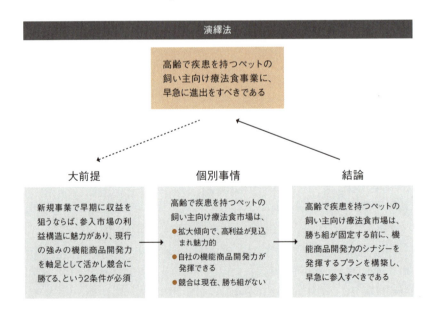

① （大前提）根拠法とその法的構成要件を提示し
② （小前提：個別事情の展開として）A氏の法的構成要件に照らし合わせた不法行為を挙証し
③ （個別的結論として）A氏には相当の懲役または罰金に処するべき

という論理構成がしやすいからでしょう。一方ビジネス上で誰もが認める普遍的な大前提はあまり多くないので、工夫が必要です。上記の「参入市場の利益構造に魅力があり、現行の強みの機能商品開発力を軸足として活かし競合に勝てる、という2条件が必須」という大前提は、帰納法で論理構築できます。構造的に利益を生みやすい市場参入に成功した事例の統計データから論証を帰納法的に構築しましょう。加えて良い市場であっても強みが活かされないと成長できなかった社内外の事例を分析しましょう。それらの分析から得られる結論を演繹法の「大前提」として提示して、下からサポートする構成にすると良いでしょう。前述のソクラテスの事例では、長命でありながらも亡くなった方の事例を列挙し、例外がないことを帰納法で述べ、大前提の「人はみな死ぬことを免れない」を支えましょう。

　また、演繹法では聞き手の論理的な理解力がある程度求められますが、すべての聞き手の論理的な理解力が同等に高いとは限りません。演繹法を使う場合は、章立てをしたプレゼンテーション内容の区切りごとに相手の納得感を確認しながらストーリーを進めることをお勧めします。

[本論]

Point 12

3つの論理の型を
階層別に使い分ける

論理の型3つの違いを理解する

3つの論理の型についてご紹介しましたが、それぞれの違いをあらためて確認してみましょう。図表2 - 11は「高齢で疾患を持つペットの飼い主向け療法食事業に、早急に進出をすべき」というメッセージの論理構造を、帰納法、関係論証法、演繹法で書き分けた事例です。聞き手のキーマンの論理に対する嗜好を理解した上で、これら3つの型を使い分ける必要があります。

階層別に3つの型を使い分ける

3つの論理の型は図表2 - 12のように、ピラミッドの第一層だけでなく、何層にもわたって下層の各パーツを構成することができます。同グループ内で型を混合してしまうと論理が成立しません。しかしながらメイン・メッセージは1つの型で支え、個々の2段目以降のメッセージの並列レベルでは3つの型を混在させることもできます。3つの型は聞き手に合わせてどれを選択しても結構です。

しかしながら前述のように、長時間のプレゼンテーションでは、上部第一層から演繹法にすると聞き手が結論に至る因果関係を見失う恐れがあります。ここは、独立した章、節立てで各々が結論に繋がり論旨を見失うことが少ない帰納法にしましょう。あるいは、ストーリーが繋がるので展開がわかりやすい関係論証法も良いでしょう。

図表2-11　Whyで示す論旨で、帰納法、関係論証法、演繹法との比較

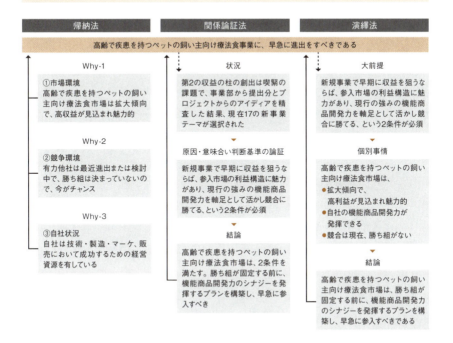

図表2-12　ピラミッドの型が混在するケース

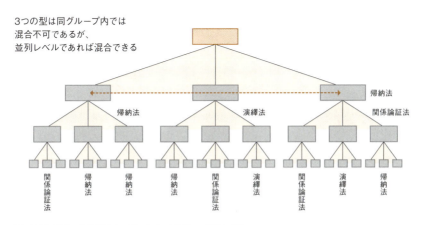

出典：『考える技術・書く技術』バーバラ・ミント（ダイヤモンド社）を参照

Point 13 ［本論］ ピラミッドの階層と個数

ピラミッドの階層は深くし過ぎない

　ここまで、合理訴求できるストーリーラインの、そのもととなるピラミッド構成の作り方を紹介してきました。この節の前半でも触れたように、こうして作ったピラミッドの各ブロックのテキストを抽出し、それを並べることでストーリーラインができあがります。

　ところで、このピラミッド構成は、ここまでの事例では縦軸で考えて「2階層」「3階層」のものを紹介してきました。これは必ずしも、その階層にしなくてはならないというわけではありません。基本的な考え方として、何層までピラミッドの階層を重ねるべきかは、聞き手の納得感を得るために、何階層下まで説明すべきと考えるかによって決定しましょう。

　ただし、レイヤーを深くして各分岐ごとに同レベルで展開していくと、指数関数的に枚数が増すことに注意してください。図表2 - 12の3層レイヤーでさえ、実際にプレゼンテーション資料に落とし込むと30枚を超えるでしょう。準備も大変になりますし、当日のプレゼンテーションでも長い時間が必要となってきます。

　プレゼンテーションに使える時間に応じて、階層を短めに打ち切りましょう。聞き手にこだわりがありそうな事実はピンポイントで重要部分だけまとめて、そこだけ追加しましょう。

「What」と「How」のピラミッドを結合させた完結ストーリーライン

　相手を論理的に説得できる「結論」は、ピラミッド1つにつき1つです。一番上部の「結論」を下部全体で支えているので、当然と言えば当然です。

　しかし実際のプレゼンテーションにおいては、「何をするか（What）」という結論と同時に「実際にどうするか（How）」を述べるべき場合もあります。その場合、ピラミッドを2個作り、そこから2つのストーリーを作り、プレゼンテーションも2回することになるのでしょうか。そうではありません。

　「何をするか」についてのピラミッド構成と「実際にどうするか」というピラミッド構成をそれぞれ作り、1つにまとめるのです。この1つにまとめたピラミッド構成の各ブロックからテキストを抜き出し、並べた論理を「完結ストーリーライン」といいます。

　少し高度なテクニックですが、実際のプロジェクトで大変重宝するので次の節で詳しくご紹介します。

[本論]

Point 14 完結ストーリーラインを
マスターする

完結ストーリーラインとは何か?

　クライアントの課題が複雑な場合、結論とその根拠に加えて、詳細な実行プランにまで踏み込んで提案しなければならない場合があります。たとえば「高齢で疾患を持つペットの飼い主向け療法食事業に、早急に進出をすべきである」という結論を伝えるだけでは、「それに異論はないが、実際にどうすればいいのかがわからなければ絵に描いた餅ではないか」という態度をとられることもあるでしょう。「それについては次回のプレゼンテーションでご説明します」で済めばいいのですが、具体的な「How」がわからなければ、そもそも結論にも同意できないということにもなりかねません。

　こうした事態を防ぐためのストーリーラインが「完結ストーリーライン」です。通常のストーリーラインは、ピラミッド1つ(上記の例であればWhatのピラミッド)の各ブロックを並べて作成します。しかし「完結ストーリーライン」は、そこにもう1つのピラミッド(Howのピラミッド)を結合させ、並列的なピラミッドを作り、そこからストーリーラインを作成するのです。

　図表2-13が、その並列的なピラミッドの実例です。

| 図表2-13 | 完結ストーリーライン |

完結ストーリーラインにすることで、具体策による説得力が増す

| 課題 | 新規事業開発部はペット事業において5年後に30億円以上の営業利益を得るには、どの顧客をターゲット市場として、いかに参入すべきか？ |

どの市場?への結論	具体策の結論
高齢で疾患を持つペットの飼い主向け療法食事業に、早急に進出をすべきである	新規参入を成功させるには、チャネル構築が重要なので、有力なペットショップチェーンとホームセンターの販売チャネルを独自に開拓するA案と、チャネルを持つ中堅企業を買収するB案、2つのアプローチを検討。早期立上げとリスクを勘案した現在価値での試算を判断基準として、B案の中堅企業Z社の買収案を選択する

根拠	根拠
①市場環境 高齢で疾患を持つペットの飼い主向け療法食市場は拡大傾向で、高利益が見込まれ魅力的	2つのオプションを提示 新規参入を成功させるには、チャネル構築が重要 A案：有力なペットショップチェーンとホームセンターの販売チャネルを独自に開拓する B案：チャネルを持つ中堅企業Z社を買収する2つのアプローチを検討
②競争環境 有力他社は最近進出または検討中で、勝ち組は決まっていないので、今がチャンス	早期立ち上げとリスクを勘案した現在価値が戦略的な判断のポイントとすべき • 市場成長が顕著で競合の早期参入が必至で立ち上げスピードが重要 • チャネルの新規参入は困難で想定以上のコストがかかるリスク
③自社状況 自社は技術・製造・マーケ、販売において成功するための経営資源を有している	判断としてB案を提案 • 配荷率60%を確保するのに、A案は1年半必要。B案は即時立ち上げ可能 • 自社マーケ部隊を移籍させれば、買収後管理の徹底によって現在価値ベースでB案が優位

　この並列的なピラミッド構成には、大きく分けて「結論」「根拠」「具体策」という3つの要素が盛り込まれています。

　上部の「結論」には、「課題に対応して、一番言いたい意見」が書かれています。左下の「根拠」は、What、つまり「何をすべきか」の結論を主張できる理由が書かれています。そして右下の「根拠」には、How？、つまり「どのようにすればいいか」「誰が、いつ、何を、何のために、どこで、どうやって行うか」という具体策が書かれています。

　この並列的なピラミッドをもとに、各ブロックのテキストを抽出して並べれば、「何をすればいいか」だけでなく「どうすればいいか」まで踏み込んだ、説得力のあるストーリーを創り上げることができ、その分だけストーリーの説得力が増すので、提言が実行される可能性が高まります。

第2章｜What？ コミュニケーション戦略のストーリーを考える　121

完結ストーリーライン作成の実践例

　参考までに図表2‒13の完結ストーリーライン（並列ピラミッド）をどのように作成したかも説明しておきましょう。

　ここでは、どの市場＝To Whomを狙うかという課題への結論に、まず第1のピラミッド（左下）で帰納法の論理構築をしています。次に「いかにして＝How」という課題への結論に、第2のピラミッド（右下）で関係論証法の論理を構築しています。

　整理すると、以下のようになります。

［第1（左下）のピラミッド］
So–What？　⇒高齢で疾患を持つペットの飼い主……
Why–So？　⇒「市場要件」「競争要件」「自社状況」

［第2（右下）のピラミッド］
How？　⇒Z社の買収
Why–So？　⇒「状況：参入オプションを2つ提示」「判断基準：早期立ち
　　　　　　上げとリスクを勘案した現在価値が戦略的な判断のポイン
　　　　　　ト」「論理的帰結：判断としてB案を提案」

　これは、買収の候補企業名まで求められる想定で作成した完結ストーリーラインです。

コンサルティングの現場では必須の完結ストーリーライン

　ピラミッド構成を用いて単純な結論を伝えるだけなら、課題に対する結論を明確にリンクさせて相手を説得するために必要な要素を絞り込み、その根拠として強く主張できるファクトを中心に述べるだけで十分です。その際には結論にあまり詳細なアクションまで詰め込むと、むしろ本質的な戦略の議論から脇道に逸れる危険性があります。したがって、論理の幹に対してまず

は賛同を促すことが重要です。課題と打ち手が単純な対構造であればこの論理構成で事足ります。

しかしながら第1章Point06（p.41）で述べたように、設定した課題が複雑で、たとえばWhat？ When？ To Whom？ How？ のいくつかを複合させなければならないような場合には、別々のピラミッド構造での説明が必要とされます。特に、実際にプランを行動に移す際に、How？＝具体策が聞き手にとって重要な場合には、その追加の論理構造が必要になります。つまり、詳細なアクションプランと、なぜそのプランが有効であるかという説明が同時に必要なのです。それによって決定者が何に対して承認を与えているのか、実行手順をどうすべきかといった疑問が解消されて、実行に着手していただきやすくなるのです。

近年では、大きな戦略の方向性を示すプレゼンテーションのみでプロジェクトが決着することは少なく、戦略方針にキレがあるだけでなく、具体的かつ詳細な実行プランを同時に要求されます。

完結ストーリーラインのバランスを決める

図表2－13の完結ストーリーラインは、左右2つのピラミッドのブロック数が同じです。しかし実際にブロックを並べる、つまりストーリーラインを考えるに際しては、必ずしも両者を同数ピックアップする必要はありません。

プレゼンテーションが一発勝負なのか。それとも中間と最終など複数のチャンスがあるか。そうした前提条件を理解した上で、完結ストーリーラインの「どこに重点を置いて伝えるのか」というバランスを考えましょう。また、聞き手が課題に懐疑的か、理解があるかによってもバランスを変えるべきです。それぞれのポイントについてご紹介しましょう。

与えられるプレゼンテーション回数で重点を変える

必ずしも一度のプレゼンテーションで、完結ストーリーラインのメッセージすべてを伝える必要はありません。

第2章｜What？ コミュニケーション戦略のストーリーを考える　123

たとえば、中間と最終プレゼンテーションと、計2回の機会があるならば、まず1回目の中間プレゼンテーションでは特定した課題と、解の方向感への承認を得るために、メイン・メッセージとその根拠だけを述べましょう。質疑後のまとめとして、それ以降は最終プレゼンテーションに向けて具体策を詳細に検討することへの承諾を得るのです。この中間プレゼンテーションでトップマネージメントから、「答えを出すべき問いと、その解の方向性」について合意が得られれば、最終プレゼンテーションの成功確率が高まります。ここで合意形成に失敗して聞き手から「あれも、これも」答えを聞きたいと言い出す事態は避けたいところです。

　そして、その後一定期間を置いて、2回目のプレゼンテーションでは具体的な実行案を提言することになります。現実的なやり方として、2回目の完結ストーリーラインを盛り込んだ最終プレゼンテーション時の冒頭で、聞き手に対して前回合意したポイントを確認する意味で、課題、提案した結論、根拠を簡単に触れましょう。ここにたとえば20%程度の時間を使い、残り80%は具体策を中心に時間を使う構成にすると良いでしょう（図表2－14）。

　1つ事例を紹介しましょう。あるクライアントが競合メーカーの攻勢にあって市場シェアを大幅に失っていました。失った顧客へのインタビューを通じ調査すると、大きな原因は、その企業の販売パートナーである代理店が、競合の直販営業部隊に提案力で負けていることであるとわかりました。複数製品を扱っている販売代理店は、この企業の製品に対するコミットメントが高くないこともわかりました。

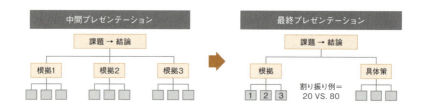

図表2－14　プレゼンテーションの段階によって完結ストーリーラインのバランスを決定

役員の方のヒアリングをすると、間接販売体制の見直しに着手すると、長い取引関係の代理店の反発を招いた場合、取り返しがつかないという反応でした。一方で自らの製品の提案力を直販体制で向上させるべきという意見を持つ役員もいらっしゃいました。

　議論の末、課題は「既得権を持つ代理店の反発を抑えながら、これまでの間接販売から、いかに直販体制に移行して競争力を回復するか？」となりました。そして最終プレゼンテーションでは、「まず少数精鋭の直販部隊を立ち上げる。そして死守すべき顧客を選択し、その顧客向けには代理店の営業担当者と同行営業を行い、商流はその協力代理店を数年は外さない。代理店手数料は徐々に減らす。直販と間接販売のハイブリット体制に移行する」という具体策について承認いただきました。初期の課題と解の方向性への承認が成功の鍵となったのです。

聞き手の態度で重点を変える

　もし一度きりのチャンスで完結ストーリーラインを伝える場合に、事前にサウンディングして、決定者がなすべきことに反対しそうな状況であれば、根拠の説明を丁寧に行う必要があります。たとえば図表2－15の左下の事例のように、根拠の説明に6割、具体策に4割という配分です。逆に結論の方向性には賛意を得られそうだけれども、具体策のアイディアに新規性があるかどうかに関心が高いと事前に判断できれば、右下の事例の根拠3割、具体策に7割の重きを置いた説明の配分にすべきです。

図表2-15　聴衆の課題認識によって完結メッセージのバランスを決定

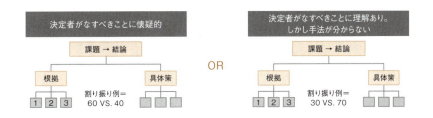

[本論]

Point **15**

ピラミッドから ストーリーラインを 抽出する

ピラミッド構成の使い方

　ピラミッド構成ができあがれば、その中の各ブロックごとに文章を抽出して展開します。これがストーリーのもととなる、ストーリーラインになります。もちろん、ピラミッドやストーリーラインは一度作れば即完成というわけではありません。ピラミッド構成とストーリーラインとを何度も行き来して確認し、内容の精度を上げていきましょう。

　ピラミッド構成から作成したストーリーラインは、プレゼンテーション資料の本編資料、メモなど様々な形式を容易に展開することができます。また、資料を聞き手に見せずに、内容を暗記してプレゼンテーションを行う場合には、ストーリーラインの骨子だけを簡略化したメモを作成しておくと便利です。これらの展開が可能なのは、ピラミッドの構成要素が機能単位（モジュール）になって積み上げられているので、組み替えが比較的やりやすいからです。

エグゼクティブサマリーとして利用する

　投資家に対し事業計画書を提案するプレゼンテーションでは、冒頭で計画の全体像を1枚にまとめた要約を添付することがあります。これを「エグゼクティブサマリー」と呼びます。

　決定者は得てしてせっかちで、時にはエグゼクティブサマリーだけを読ん

で、詳細な中身のプレゼンテーションに時間を使わず、即座に質疑に入るスタイルを好む場合もあります。その場合は特にエグゼクティブサマリーが重要なのですが、ストーリーラインはそのままエグゼクティブサマリーとして使うことができます。

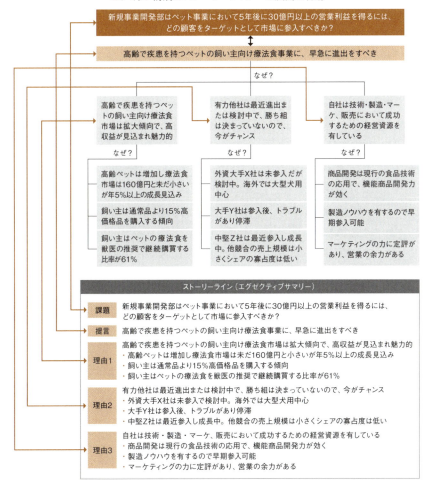

図表2-16　ピラミッド構成とストーリーライン

［本論］

Point **16**
ストーリーを再度、叩き直す

社内の第三者から客観的な目で見てもらう

　映画のストーリーラインを決める際にピクサーの最も重要な文化のひとつに「ブレイントラスト（ブレイン顧問団）」という、プロの目を持ち選抜された参加者との討論の場があります。エド・キャットムル（ピクサー、ディズニー・アニメーション・スタジオ社長）は以下のように述べていますが、その討議がピクサーの創造性のコアだと考えているようです。[11]

　「ピクサー映画は最初はつまらない。それを面白くする、つまり駄作を駄作で無くするのがブレイントラストの仕事だ」

　「悪いところ、抜けている点、わかりにくい点、意味をなさないところを指摘する、ただし具体的に。それが批評と建設的な批評の違いです。批評すると同時に建設している。どんな指摘をするにしても、相手を考えさせることが大事だと常に思っています」

　「率直な会話、活発な議論、笑い、愛情。ブレイントラスト会議に欠かせない要素を抽出すればこの4つは必ず入る」

　このような建設的な相談相手があるからこそ素晴らしい作品ができあがるのです。プレゼンテーションのストーリーについても同じことが言えます。

---

[11]　出典：『ピクサー流　創造するちから』エド・キャットムル、エイミー・ワラス　（ダイヤモンド社）

一度構成したストーリーを「これで完成した」と早々に楽観視しないことです。再度叩き直す時間と精神的な余裕を持って仕上げにかかりましょう。

　あるストーリーについて「完璧に構築できた」と思ったら、見る目のあるシニアスタッフにお願いして見てもらい、徹底的に叩き直しましょう。

　私が経験した出来の良いプレゼンテーションもまったく同様で、結果にコミットしたプロフェッショナルの厳しくも率直な意見が、圧倒的な力を与えてくれました。

　あるシニアコンサルタントは、社内中知らない人はいない「壊し屋」でした。あと数日後に顧客トップマネージメント向けの最終プレゼンテーションを控えてストーリーラインのチェックをしていると、決まったように「セクシーじゃない」と言いだして流れを根底から覆すことを厭いませんでした。そして方向感とキーワードだけ残して去ります。そのため残りの数日は眠れないのですが、その瓦礫から立ち上がった新しいストーリーは、奇跡のように顧客インパクトを増していたのです。それ故にチームがこの壊しを受け入れていました。

　重要なプレゼンテーション前の節目には、そうした「手強い身内」から、ストーリーラインを建設的に叩いてもらうことをお勧めします。

サウンディングを徹底する

　提言を策定してゆく過程で、コロンブスの卵のようにちょっとした発想の転換で誰でも思いつくような解決案が有力候補として浮かんだら、危険信号です。そんな時には、徹底したサウンディングを強くお勧めします。プレゼンテーション実行前に、こちらの仮説や意図を打診して、キーパーソンの反応を探りましょう。

　なぜなら、今まで実行されなかったのは、事業の合理性ではなく何か隠れた、やらない理由が存在する可能性が高いからです。たとえば創業家との取り決め、社内政治、監督官庁との綱引きなど、その企業特有の、触れられても正式なプレゼンテーションの場では明確な理由を説明したくないような事

第2章｜What?　コミュニケーション戦略のストーリーを考える　129

項なのかもしれません。その場合は真正面からビジネス上意味のある解を提案しても、プレゼンテーションへの反応が曖昧で気まずいものになるのがオチです。またはプレゼンテーションの最中に予期せぬ反論や感情的な反応を受けるかもしれません。それら落とし穴の、事前チェックを行っておく必要があります。

　キーパーソンに直接サウンディングができない場合もあるでしょうが、キーパーソン周辺の方に提言案の仮説の段階で趣旨を打診して、考えられる反応を聞き出しておけば、その対策を練ることができます。

　ある企業で、10年以上採算割れを続けている事業の撤退可能性をクライアントチームと議論しました。事業ポートフォリオの管理上、その事業への販売促進投資を止め、成長を続けている他事業に追加投資をする方が合理的に思えました。社内でも部・課長レベルではその事業に投資し続ける明確な理由が説明できませんでした。そこで、注意深いサウンディングを行いました。のちに判明したことは、その事業は現CEOがかつて事業担当者として立ち上げたもので、存続意義に強い信念と確信を持っていらっしゃるので、撤退する意思はまったくありませんでした。この企業は同族系でCEOは大株主だったので、この撤退プランの提案は意味がないことがわかりました。

［結び］
Point 17 感情訴求で決断を促す

人は合理訴求だけでは動かない

　プレゼンテーションを成功させるためには、論理的に正しいだけでなく、聞き手の感情に訴求し、相手の決断を促すストーリーを考案する必要があります。ビジネスプレゼンテーションで感情訴求するのは、プロフェッショナルとして不適切ではないかと思われる読者がいるかもしれません。しかしながら、合理訴求だけでは人が動かない場合があるのです。

　大きな変革が必要に迫られているにもかかわらず、危機意識が欠落していて変われない数多の企業を観察すると、よく似た言い訳が聞こえてきます。曰く、「頭ではわかっちゃいるけど、変えられない」と、経営幹部の方でさえ仰います。視座が高く視野の広いトップマネージメントがこの状況に危機感を抱いて旗を振るのだけれど、効果はいま一つ。こんな場合にコンサルタントは「全社にショックを与えるメッセージ」の発信をお願いされるのですが、そんな場合、合理訴求よりもリアリティのある感情訴求のほうがプレゼンテーション上有効です。

　リーダーシップ論の権威であるジョン・コッター教授（ハーバードビジネススクール）は、経営危機に瀕した企業のリーダーが採った変革のステップとコミュニケーションの事例を数多く調査しました。中でも変革に成功し、業績を回復させた企業の共通点をその著作で述べています。

　コッター教授によれば社員に対し論理的に「分析を示す⇒考える⇒変化する」というステップで変革を促し、成功した事例は稀でした。一方で「我が

第2章 ｜ What? コミュニケーション戦略のストーリーを考える　131

社は皆さんが自覚しているより状況は悪い。相応の痛みを覚悟し、手を携えて変化しなければ乗り切れない」というメッセージを伝えるために、あえて厳しい問題を抱え、感情を揺さぶられるような具体的事例を「見る」形で示し、直感的に危機を「感じる」ことで、自らが「変化する」ことを促す手法を採った企業の成功確率が、圧倒的に高かったという調査結果を披露しています。[*12]

たとえば、私が経営コンサルタントとして初めて参加したプレゼンテーションでも、在庫の山、営業活動の無駄・無理・ムラなどを目に見えるかたちで例示したケースがありました。チームマネージャーが提示したチャートには、予想キャッシュフローのシミュレーショングラフの下に、改革をしなければあと5年で地表にクラッシュするという飛行機の絵が挿入されていました。そうした感情訴求が功を奏し、その後、変革プログラムの実施が決定されたのです。

感情訴求の手段

感情訴求にはパターンがいくつかありますから、以下に要約します。

1. 怒りや不安、恐怖感を刺激し、
   感情を揺さぶったのちに希望を与えること
2. 帰属意識や使命感に訴えること
3. 聞き手の興味や関心を刺激する
4. 褒める、おだてるなどで歓心を買うこと

3と4についてはそれほど説明の必要がないと思いますので、次の節から、1と2について詳しく解説します。

[*12] 出典:『ジョン・コッターの企業変革ノート』ジョン・P・コッター、ダン・S・コーエン　（日経BP社）

図表2-17　ジョン・コッター：「行動変化に成功した事例での方法」

［大部分で使われた方法］　　　　　　［多くは使われていない方法］

心を揺さぶり目を引く劇的な状況を作り出し、危機意識の高揚や戦略策定、自発的行動など「目に見えるように」する

情報を集め分析する。問題点や解決案、進捗状況について報告書を作成しプレゼンテーションする

表面的な思想よりも深いレベルに訴える、有用なアイディアが生まれる。本能的な反応により改革を妨げる感情が抑えられる。変革推進への感情が高まる

情報や分析は考え方に影響を与える

心が動かされ行動が変わる。新たな行動が強化される

考え方が変われば行動が変わり、新たな行動が強化される

出典：『ジョン・コッターの企業変革ノート』ジョン・P・コッター、ダン・S・コーエン　（日経BP社）を参照

［結び］

Point 18

ホラーストーリーで切迫感を持たせる

受け手の「食いつき」がよくなるホラーストーリー

　コンサルタントがプレゼンテーションの冒頭に「ホラーストーリーから話す」ことがあります。つまり、あえて非常に好ましくない近未来の恐怖シナリオから述べるのです。経験上「業界構造が変化しつつある今、これはビジネスチャンスです。業界のゲームのルールを変えませんか」と話し出すと、保守的な大企業ほど「本当にそれほど変化は急でしょうか？　事業機会は他にも多数あるから」とチャンスに躊躇する傾向があります。一方で「このままこの変化に対応せずに放置すると競合に先行されて、後々遅れを挽回できずに大変なことになります！」と切り出し「競合に先んじて変化対応し、この打ち手を選択すればピンチをチャンスに変えられます」と感情訴求を際立たせると、結論は同じ内容でも受け止めてくださる聞き手が多いのです。

　ただしこの場合は、事前に一定の信頼訴求ができていないと反発されるので、「（信頼）⇒感情⇒合理」という流れにすることがポイントです。

　マーケティング・コミュニケーションの事例でも「課題提示と解決型」のテレビコマーシャルでは感情訴求型がよく使われます。「あなたの中性脂肪の蓄積はただ事ではない！　放置すると大変なことになる！」とお腹の輪切りの図解と脂肪の厚みを強調して課題提起し、「でもこの商品には減肥に有効で薬事法に従ったXX成分が通常の2倍入っている」と事実を述べ、「是非試してみてください」と解決策をたたみかけるのです。事実の提示で合理訴求されていますが、冒頭の感情訴求が強く効いています。

Point 19 ［結び］
帰属意識や
使命感に訴える

まとめチャートの効用

　ストーリーの結びには、「まとめ」のチャートを用意しましょう。ビジネスプレゼンテーションでは、事業計画の経済性を強調するだけでなく、「まとめ」のチャートで、聞き手のトップマネージメントの、地域社会に対する帰属意識、使命感に訴えてプロジェクトの実行を重ねてお願いしてみましょう。

　事業計画の提案をする際に、その提案が経済性にまったく寄与しないということは通常あり得ません。プレゼンテーションも自ずと経済性を強調したものになりがちです。

　しかし、中には組織変革や企業の社会的責任を果たす運動などに関する提案もあります。このような提案の場合には単に経済性ではなく、企業の使命（ミッション）に関わることであると強調する必要があります。そうすれば聞き手が納得する可能性が高まるでしょう。

　近年ではGEや日立製作所のように、イノベーションによって社会課題を解決し、かつ自社の共通利益を創造するというミッションを掲げる企業も増えてきています。そのような思想を持つ企業のトップマネージメントに対しては、一定の利益を創出しつつ、地域社会への帰属意識を高めたり、社会を良い方向に導く事業提案という、感情訴求が奏功するでしょう。もちろんその際には、企業の使命実現に対してプレゼンターの熱意を示す必要があります。

第2章 | What? コミュニケーション戦略のストーリーを考える　135

GE の CEO ジャック・ウェルチは著書『わが経営』で、部下からの提案が合理的で戦略性があることは当然であると考え、それよりも提案者のプランに賭ける情熱を判断したいと述べていました。ウェルチのような決定者に訴えかけるなら、「信頼訴求」から入って、事業としてビジネスモデルや採算などの「合理訴求」を最小限度に述べ、最後に使命感や熱意による「感情訴求」をアクションに繋げるための最大の要素とするストーリー展開も効果的でしょう。

第 3 章

How?-1

プレゼン資料作成の基本

ここからは、第1章、第2章の考察を経て、全体の論理構成とストーリーを決定した後に、プレゼンテーション資料を作成するステップとして「資料作成編」を解説します。

Point 01 フォーマットを決める

決めたフォーマットのルールを厳守する

プレゼンテーション資料を作成する場合、まず概念や論理を言語にします。そしてその言語情報をできるだけ「構造化」し「視覚化」すること、つまりチャート（図式）化して効率的なコミュニケーションを図りましょう。

その際に最初にすべきことは、資料の「フォーマット」を決定することです。フォーマットとは、いわばプレゼンテーション資料の全体にわたるビジュアル（視覚に訴える）・コミュニケーション上のルール設定です。受け手がそのチャートの構成要素とレイアウトを視覚化のルールとして認識することで、齟齬がなく直感的に内容が伝達され、理解が深まるのです。

プレゼンテーション資料のフォーマットは、聞き手に内容の理解を促す目的本位で決定しましょう。見栄えの良いデザインを選択すること自体の意義は否定しませんが、「わかりやすさ」がすべてに優先されます。

そして一旦フォーマットを決定したら、受け手の混乱を招くので資料の途中から変更すべきではありません。

フォーマットの7つの要素

フォーマットとして決めるのは以下の要素とレイアウトになります。

①メッセージ

聞き手に伝えたい論旨や情報を言語で表現したものです。トップダウン型で解説するピラミッド構造の原則からすると、レイアウトとして最上段が望ましいでしょう。現実には、メッセージの場所は企業ごとの資料フォーマットの決め事なので、それが存在するなら従います。メッセージの文章はできるだけ簡潔にして、2行以内に収めましょう。

プレゼンテーションの上級者になると、メッセージを決定したのちにすべ

図表3-1　チャートのフォーマット

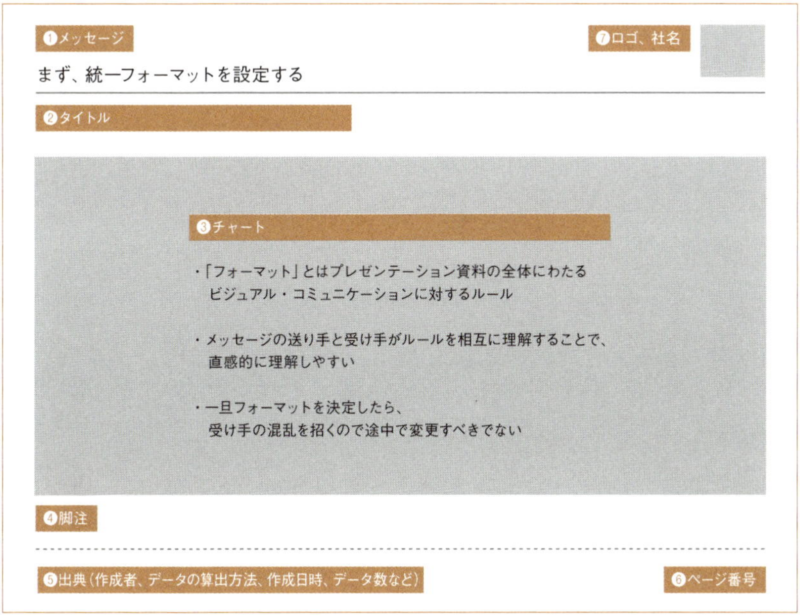

①メッセージ　　　　　　　　　　　　　　　　　　　　　⑦ロゴ、社名

まず、統一フォーマットを設定する

②タイトル

③チャート
- 「フォーマット」とはプレゼンテーション資料の全体にわたるビジュアル・コミュニケーションに対するルール
- メッセージの送り手と受け手がルールを相互に理解することで、直感的に理解しやすい
- 一旦フォーマットを決定したら、受け手の混乱を招くので途中で変更すべきでない

④脚注

⑤出典（作成者、データの算出方法、作成日時、データ数など）　　　⑥ページ番号

て暗記して、敢えてメッセージの表記を消し、本番のプレゼンテーションでは当意即妙に自分の言葉で語ることもあります。しかしながら初・中級者は、緊張を強いられる本番で暗記したメッセージを正確に語る自信がないなら、メッセージはそのまま表示しましょう。

②タイトル（見出し）

チャートが示す情報を総括する語句です。「売上と利益率の推移」など、分析名やデータの属性表示であることが多いです。

③チャート

図表の本体となります。メッセージの根拠としてデータや概念を示すものです。

④脚注

チャートに示された情報の補足です。チャートの本体に入れるとシンプルな表現を損なう場合に使用します。もし特殊な用語など、聞き手が理解していない可能性がある用語があれば脚注で説明書きをして、かつ口頭で補足説明するべきです。聞き手の知識レベルを想像して説明すべきかどうか悩むよりも、最低限のエチケットとして相手がその用語を初めて聞くという前提で、文章で脚注を入れておきましょう。文字の級数は12〜14ポイント程度で、本文よりも小さくて結構です。

⑤出典

引用データの出所です。「①作成者、②データの算出手法、③作成日時、④データ数（回答者数）」などの項目は必須です。政府の統計データなどを使う場合は、資料名、権利の注記なども加えましょう。

出典を明記すべきことに無頓着なプレゼンターが多いのですが、誰がどうやって作成したデータかによって、内容の信頼性を判断するトップマネージメントは多いものです。聞き手に対してメッセージへの「信頼訴求」をする基盤であることを胸に刻むべきです。情報は最新のものであることが望まし

いので、データの作成日の記載も重要です。後日資料が単体で独り歩きして、データの信頼性を検証することを要求される場合もあるので、データは収集した時点から資料上に正確に記述しましょう。聞き手は「正誤を確認、検証できない情報は、信頼できない」という情報リテラシーを持っていると仮定すべきです。

⑥ページ番号

　資料作成や保管時の効率化に役立つだけでなく、質疑時に参照し易くなるので必須の項目です。ページ番号が付与されていない資料のプレゼンテーションを聞いていて、指摘したいポイントがメモできずに苛立っている聞き手を、何度かお見掛けしたことがあります。ページ番号が小さすぎて見えない、写真や図表などに重なって見えない場合などは、チャート化における最低限度のルールに違反しています。

⑦ロゴ、社名

　企業の資料であることのマークです。ロゴや使用すべき色に指定がある場合が多く、これは順守すべきです。

　所属企業や組織で資料のフォーマットが定型として決まっている場合はそれを選択します。定型がなければ、パワーポイントなどのプレゼンテーションソフトのメニューからフォーマットを選択しても良いですが、「表示」の「スライドマスター」メニューなどを使って自分なりのテンプレートに改良しましょう。

Point 02 メッセージをチャートにする

資料作成の流れ

　資料作成の流れを大雑把に言うと、まずピラミッド構造の各ブロックに割り振った文章を抽出して、コマ割りチャート化します。そしてそれを1枚1枚のチャートに展開し、最終的にストーリーをプレゼンテーション資料として完成させます。それぞれのステップについて、ここから解説しましょう。

図表3-2　資料作成の流れ

①論理ピラミッドを最終確認

　第2章で構成したピラミッド構成について、縦軸はロジックの一貫性、横軸はMECEまたは重要事項のモレがないかどうかの最終確認をします。四角のブロックごとの文章が、次の②のステップのコマ割りチャートのコマごとにメッセージとして展開されます。

②コマ割りチャートに展開し流れを決定

　上記①で確認した論理ピラミッドのメッセージをコマ割りチャートに割り振ります。

　図表3-3に示す事例では、表紙から始まって課題、提言、目次、環境をどう分析したかといった提言の理由3つと、具体的な打ち手のHow1からHow4までの流れとチャートのイメージを16分割にしています。分割の数はプレゼンテーションの内容と所定時間によって決定しましょう。チームで作業している場合はそれぞれのメッセージをいかにビジュアルで表現するべきか、ラフスケッチで良いので全員のイメージをすり合わせしましょう。

　図表3-3についてもう少し詳しく解説しましょう。

　まず図表2-16のピラミッド構成から以下を抜き出し、メッセージをそれぞれのコマに配置します。

　　Why1：高齢で疾患を持つペットの飼い主向け療法食市場は拡大傾向で、
　　　　　高収益が見込まれ魅力的
　　Why2：有力他社は最近進出または検討中で、勝ち組は決まっていないの
　　　　　で、今がチャンス
　　Why3：自社は技術・製造・マーケ、販売において成功するための経営資
　　　　　源を有している

　もしWhy1を支えるその根拠として以下の3つの事実を細かく説明する必要があれば、以下のメッセージそれぞれをWhy1のコマの後に配置します。

- 高齢ペットは増加し療法食市場は未だ160億円と小さいが年5%以上の成長見込み
- 飼い主は通常品より15%高価格品を購入する傾向
- 飼い主はペットの療法食を獣医の推奨で継続購買する比率が61%

図表3-3　コマ割りチャート

チーム全員でコマ割りチャートを作成する

キーチャート

表紙	課題	目次	環境・自社分析
XX株式会社 新規事業開発部　提案 チーム：Future 　　　　10月30日	ペット事業に参入し30億の利益を得るにはどうすべきか **提言** Aを早急に実行 [理由] ①・・・②・・・③・・・ [具体策] M&A [オプション] 独自か 　　　　　　　M&Aか	1.・・・・・・・・ 2.・・・・・・・・・ 3.・・・・・・ 4.・・・・・・・・	Why 1／ 高収益が見込まれ魅力的 Why 2／ 勝ち組は決まっていないので、今がチャンス Why 3／ 経営資源を有している
Why 1 高収益が見込まれ魅力的	**Why 2** 勝ち組は決まっていないので、今がチャンス	**Why 3** 経営資源を有している ①・・・・・・・・ ②・・・・・・ ③・・・・・・・	**具体的施策** How 1／ 独自かM&AでM&A選択 How 2／ チャネル構築が肝 How 3／ スキルの習得必須 How 4／ M&Aの効果を最大化
How 1 独自かM&AでM&A選択	**How 2** チャネル構築が肝	**How 3** スキルの習得必須	**How 4** M&Aの効果を最大化
3年でBEを超え、5年で30億の利益を実現	新組織へ権限移譲すべき	スケジュールを前倒しする	**まとめ** 決裁事項 A・・・・・・・・ B・・・・・ C・・・・・・・・

このコマ割りは、序章Point02の第2フェーズ（p.24）の作業で、既にイシューアナリシスからコマ割りチャートまで、一気にラフ案を作って分析していたなら、その流れをそのまま活用してみましょう。

　PCとパワーポイントなどのアプリケーションソフトを使ってこの作業を行う場合は、「表示」メニューから、スライド内に入力されているテキストが表示される「アウトライン表示」を使用して、大枠で構成の流れを作り、それからチャートを完成させていきましょう。

　なお、プレゼンテーションの論理構成法からのチャート化の技法を初歩から学びたい場合には、PCのみで考えるよりも手と頭を動かして流れを考え「コマ割りチャート」をペンで紙上か、ホワイトボード上に表現してみましょう。手書きでチャートイメージを書くと、アナログでさっとイメージが描けて、直感的なイメージがそのまま表現できるので、PCを使った作業よりも大胆な発想の視覚表現が生まれやすくなります。

　また、このとき全体を俯瞰して論旨の要となるキー（重要）チャートを決めておくと作業のメリハリが付けやすくなります。キーチャートは作成に労力をかけるべきで、できあがりのイメージをチーム内ですり合わせておきましょう。

③1チャート1メッセージでメッセージを決める

　1枚のチャートには一番主張したいメッセージを1つに絞り込み、単純化を心がけましょう。1チャート1メッセージが原則ですから、追加したい主張が他にあれば、それは次ページに分けましょう。1枚に詰め込んだ5つのメッセージを話すよりも、5枚に分けたほうがページごとの展開ができてシンプルでストーリーがわかりやすくなるのです。

　図表3-4の左側のチャートのように、「XX機能性飲料市場の推移」などと、メッセージの代わりに分析名のタイトル（見出し）のみ表示しているチャートを見かけることがあります。これではこのデータの解釈を聞き手に

図表3-4　分析名でなくメッセージを書く

委ねることになって、プレゼンターの意図と異なる解釈をされかねません。

メッセージとして、最低でも、

「XX機能性飲料市場では2013年以降A社に逆転されたまま」

という、注目してほしい事実を指摘するか、

「XX機能性飲料市場では2013年に競合A社の新製品Y'sの投入で逆転後、差は1対10まで開いて、危機的状況」

など、踏み込んだ解釈を込めたメッセージにしましょう。この事例のように「XX機能性飲料の推移」というタイトルがグラフ上に表記してあって、文脈上どの市場が議題となっているかが明白なら、

「2013年に競合A社の新製品Y'sの投入で逆転後、差は1対10まで開いて、危機的状況」

とまでメッセージを単純化できます。

データごとのメッセージが抽出され、そのメッセージを繋げると一連の主張になっていることで整合性のある全体のストーリーが成立します。この事例では、たとえば次ページで「XX機能性飲料事業は、テコ入れすべきか撤退か、2つのオプションがある」などという、メッセージが自然に繋げやすくなります。

④各メッセージを支えるピラミッド構成でビジュアルチャート化

メッセージをビジュアルチャート化していきます（詳細は次節で説明）。数十枚のチャートでピラミッド構成法により1つのストーリーを築き上げることと同様に、1枚のチャート内でも1つのメッセージを下から論理と事実によって支えられるピラミッド構成にします。

チームでチャート作成作業をするのであればコマ割りしたストーリーの中でページの1〜10番目は誰が作成担当し、11〜20は誰が……というように役割を分担しましょう。チーム内で高度な数値シミュレーションスキル、マーケティングの知識など、専門知識の高いメンバーがいれば自ずと担当ページが決まるでしょう。

ビジュアルチャート化は、個人の力量、嗜好が反映されやすく、仕上がりの見た目がバラつきやすい作業です。そこで、各チャートのメッセージをまずチーム内で共通認識として持ち、各チャートはメッセージの1文を支えるようにデータや図表を使うべきという原則を各人で徹底させましょう。そうすることで個人が担当するチャートの出来栄えが全体ストーリーから逸脱するリスクを、極小化することができます。

⑤全体を結合後、流れを確認

　チャート制作作業が終わったらデータを1つのファイルに纏め上げ、流れに問題がないかを確認します。プレゼンテーションの上級者であればPC上の確認で十分でしょう。

　初・中級者であれば、できれば資料を印刷してストーリーの区切りごとに折り返して順番に壁に貼るか、大きなテーブル上に置いて、紙の上で流れを確認してみましょう。チーム作業であれば一度実物の紙を眺めながら全員で流れが正しいのか、一つ一つのチャートのビジュアルはこれでいいのか、といったことを喧々諤々議論しながら進めていきましょう。するとダイナミックなストーリー展開につながります。

　実際に全員が立ち上がって、歩きながら紙を1枚1枚確認して体を動かすと頭脳もフル回転し、議論が活性化しやすいのです。印刷してアナログ的にストーリーの不具合や誤植の校正をするのは、古くさく感じるかもしれません。しかしながら私は、長い経験上そのほうがストーリーの間違いや誤植に気がつきやすいと実感しています。これは皆で紙を貼り、めくったり、なぞったり、繋いだりするという身体性に関係していると思います。

　メディア論で有名なマーシャル・マクルーハンによれば、TVやPCのスクリーンで透過光を見るときは、脳が細部でなく全体感を認識するパターン認識モードになって、リラックスするため間違いに気づきにくくなり、紙の反射光で読む新聞や雑誌に慣れた脳は分析的、批判的になるとのことです。この理論を読んだ際に、私が感じていた感触に理由付けしてもらった気がして腹落ちしました。

　なお、長時間のプレゼンテーションで論旨が複雑な場合は、章ごとに「まとめ」を挿入しましょう。一区切りさせて聞き手にその章の理解具合を確認してもらい、全体構成とその章との繋がりを意識していただくのです。また、エクセルでの収支計算やシミュレーションのデータなどはスクリーンで見せるには細かすぎるので、手元で確認用のハンドアウトとして別に印刷しましょう。

Point 03 ビジュアルチャートの 3タイプ

ビジュアルチャート化するメリット

　ここからは、チャートの描き方を説明していきます。チャートメッセージに従って、視覚に直感的に訴えるチャート（ビジュアルチャート）を描きましょう。

　チャートをビジュアル化することは、プレゼンター側と受け手側双方に利点があります。たとえばプレゼンターがビジュアル化を想定して縦軸、横軸を交差させて4象限で分析しようとすると、1つの象限の事例や説明が他象限と比較して不足していることに気がつき、そこを埋めようと努力することがあるでしょう。その行為によって分析の抜け漏れが減り、分析の質が向上するのです。一方、そのことで受け手は分析の意図を理解しやすくなります。

　また、プレゼンターが事実や分析からメッセージを抽出する際に、視覚的に構造化を強いられることで聞き手の直読性が増し、複雑な内容でも理解しやすくなります。構造化とは、対象の全体像とその構成要素を明確にすることと、要素間の関係をわかりやすく整理することです。

　加えて、プレゼンターはすべてのチャートに時間と精力を注ぐことは困難なので、自ずと「キーチャート」を厳選してメリハリが利いたチャート作成を強いられます。それにより聞き手も全体の中で、丁寧に構造化したものが重要なチャートであるとのメッセージが伝わり、記憶に残りやすくなります。

　ビジュアル化はプロフェッショナルがプレゼンテーションを行うとき、聞

図表3-5　ビジュアル・チャート化の利点は何か?

き手の理解を最大化しようとして自ずと湧き出てくる思いやりの所作なのです。

3タイプのチャートを使いこなす

チャートには「テキスト(文章)チャート」「コンセプト(概念、定性)チャート」「データ(定量)チャート」3つの種類があります。チャートそれぞれの特長を知り、使いこなしましょう。

文章の構成要素としてよく利用される5W2H(What、Why、Who、Where、When、How、How Much)を活用するとチャート毎のイメージとビジュアルが想い浮かびやすくなります。

What「何を実行するのかという結論」とWhy「その根拠」を表現するチャートは合理訴求に使用する場合が多く、言語に相性が良いため主に「テキストチャート」で表現します。

一方で、いかに実行するか、具体策の細目としての「How」、その案をど

こで実行するのかという「Where」、誰が責任を持って実行するかという「Who」、いつ、どのステップで実行するかという「When」、どの程度の成果を望むかという「How Much」という内容は、文章の場合もありますが、直感的に理解しやすい図表やイラストや写真などを活用したチャートが適しています。概念やイメージを示すものを「コンセプトチャート」、データを扱うチャートを「データチャート」と言います。

次に、それぞれのタイプのチャートの描き方について紹介していきます。

図表3-6　3つのチャート

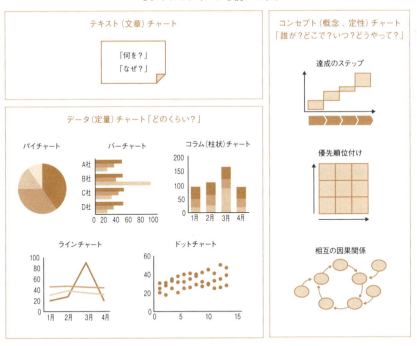

出典：『マッキンゼー流 図解の技術』『マッキンゼー流 プレゼンテーションの技術』ジーン・ゼラズニー（東洋経済新報社）を参照

Point 04 テキストチャートは KISSで描く

KISSの意味

　まずチャートの基本である、テキストチャート（文章を中核としたチャート）の書き方を解説します。テキストチャートは、合理訴求を中心に、プレゼンターの論理を説明するためのもので、What（何をすべきか？）やWhy（なぜするのか？）といったことを相手に言葉で伝えるチャートです。

　テキストチャートは、「KISS」を念頭に作成します。「KISS」の意味には、以下のような説があります。

　「Keep It Short and Simple：手短に簡潔に表現しなさい」
　「Keep It Simple. Stupid！：簡潔に表現しなさい。（それができないのは）知恵が足りない！」
　「Keep It Simple for Stupid：馬鹿にでもわかるように表現しなさい」

　この3つは私のメンターだったビジュアルコミュニケーションの世界的なプロからアドバイスされたもので、金言です。

　シンプルで短く直截な表現は力強いので人を引きつけます。欧米人のプレゼンテーションではBullet Point（冒頭に黒丸を付けた簡潔な箇条書き）で内容や項目数も、極めて絞り込んだ表現をする場合が多いです。近代建築の巨匠ミース・ファン・デル・ローエは建築表現としてミニマリズム（形態や色彩を最小限度まで突き詰めようとする最小限主義）を唱えました。それを

象徴する言葉"Less is more"は「より少ないことは、より豊かなこと」を表現できることを示しています。コミュニケーションでは情報量が多すぎると脳が受容しにくくなって、かえって聞き手の受容量が落ちるのです。

図表3-7　KISSでテキストチャートを洗練させる

テキストは、KISS "Keep It Short & Simple！"
アプローチで短く、シンプルに

- ペット向け療法食を市場として特定した後に、経営企画部として、「高齢で疾患を持つペットの飼い主向け療法食市場で第2の収益の柱を創造するには、いかに進出したら良いか？」という課題に対する提案の詳細を検討した

- 新規参入を成功させるには、チャネル構築が重要なので、有力なペットショップチェーンとホームセンター、獣医の販売チャネルを独自に開拓するA案と、ペット向け療法食の既存チャネルを持つ中堅企業Z社を買収するB案と、2つのアプローチまで絞り込みをした

- 市場成長が顕著で大手競合の早期参入が必至と想定される。そのため立ち上げスピードが重要であることと、零細な旧タイプのチャネルが残存していて新規参入が困難であることから想定以上のコストがかかるリスクがある。以上を鑑みると、早期立ち上げとリスクを勘案した現在価値の想定を戦略的な判断のポイントとすべきではないか

- チャネルでの商品配荷率60％を確保するのに、A案は1年半程度必要されることが調査の結果判明している。一方でB案は現行の営業部隊を、そのまま投入するので即時立ち上げが可能である

- 被買収企業の営業の士気を保つ為に、まずは自立性を確保し、自社マーケ部隊をZ社に移籍させる。製造は集約して自社に移管するなど、買収後管理の徹底によって現在価値ベースでB案が優位

課題：高齢で疾患を持つペットの飼い主向け療法食市場で第2の収益の柱を創造するには、いかに進出したら良いか？

結論：大手競合の参入可能性を考慮し、早期立ち上げとチャネル参入リスクを判断基準として、B案Z社の買収を選択

2つのチャネル構築オプションを提示
A案：有力なペットショップチェーンとホームセンターの販売チャネルを独自に開拓する
B案：療法食チャネルを持つ中堅企業Z社を買収する

判断基準はスピードとリスク勘案した現在価値にすべき
- 市場成長が著しく競合の早期参入が確実で、立ち上げスピードが重要
- 旧態依然としたチャネルの新規参入は困難で想定以上のコストがかかるリスク

判断としてB案を提案
- 商品配荷率60％を確保するのに、A案は1年半必要。B案は即時立ち上げ可能
- 自社マーケ部隊をZ社に移籍させ、工場は集約させるなど、買収後管理の徹底することによって現在価値ベースでB案が優位

悪い例　　　　　　　　　　　　　　　　訂正例

第3章｜How?-1　プレゼン資料作成の基本　153

プレゼンテーションのテキスト表現と対比して、思想がまったく異なるのがレポートです。レポートは、書き手の手を離れた後にその内容が多くの読み手の手にわたって一人歩きするので、主語や述語に破綻がないように繋げ、詳細、網羅的な表現になりがちです。一方、プレゼンテーションの主人公はプレゼンターであり、資料はその単なる補助手段です。ですので、聞き手が見やすく、印象に残るようにKISSの作法で余分な表現をそぎ落としましょう。

テキストチャートのビジュアル化のヒント

　テキストチャートのクオリティを上げるポイントを整理しておきます。

①チャートメッセージを作る場合はできるだけA4横書きの2行以下に抑え、一気に読める文字数にしましょう。
②KISSアプローチで文章を体言止めで短く強い表現にします。自明であれば主語も削りましょう。
③重要ポイントの文字の級数を拡大、太字化、色替え、インデント（字下げ：文章の行頭に空白を挿入して右へずらし、文章の上下関係、重要度を明確にする）などをしましょう。字は大きいほうが意図が伝わります。テキストのビジュアル表現で使用する書体は、モダンで修飾が少ないシンプルなものを使用しましょう。

　また、図表3-7で示した事例のように、「課題」「結論」「2つのチャネル構築オプションを提示」「判断としてB案を提案」などを体言止め、太字化、級数上げ、インデントなどでビジュアル化することで、直読性が増しています。

　特にエグゼクティブサマリー（p.126）をテキストチャートで構成する場合は、聞き手の好みや流儀に合わせて文章の詳細度合いを調節しましょう。図3-8の事例（右側）では極力資料をシンプル化するために、テキストと

しては「課題」表記も省略し、本番のプレゼンテーションでは課題を口頭で述べる想定をしています。まずは大枠の論理展開をご理解いただいて、細かな事実の提示や論理立ては本編中に述べるというプレゼンテーションのスタイルに適したチャートです。文字数が少ないので、大きな字でインパクトが溢れる資料になります。ここでは、ほんの数文字でも単純化し、削り込む努力をしています。

図表3−8　KISSでテキストチャートを洗練させる

聞き手の好みや流儀に合わせて、文章の詳細度合いを調節する

課題：高齢で疾患を持つペットの飼い主向け
　　　療法食市場で第2の収益の柱を創造する
　　　には、いかに進出したら良いか？

結論：大手競合の参入可能性を考慮し、早
　　　期立ち上げとチャネル参入リスクを判
　　　断基準として、B案Z社の買収を選択

2つのチャネル構築オプションを提示

A案：有力なペットショップチェーンとホームセ
　　　ンターの販売チャネルを独自に開拓する

B案：療法食チャネルを持つ中堅企業Z社を買
　　　収する

判断基準はスピードとリスク勘案した
現在価値にすべき

● 市場成長が著しく競合の早期参入が確実
　で、立ち上げスピードが重要

● 旧態依然としたチャネルの新規参入は困難
　で想定以上のコストがかかるリスク

判断としてB案を提案

● 商品配荷率60%を確保するのに、A案は1
　年半必要。B案は即時立ち上げ可能

● 自社マーケ部隊をZ社に移籍させ、工場は
　集約させるなど、買収後管理の徹底するこ
　とによって現在価値ベースでB案が優位

結論：早期立ち上げ可能で現在価値の高
　　　いB案「中堅企業Z社買収でチャネ
　　　ル構築」を選択

2つのオプション

A案：販売チャネルを独自に開拓

B案：チャネルを持つZ社を買収

判断基準はスピードとリスク勘案した
現在価値

● 競合の早期参入が確実で、立ち上げスピー
　ドが重要

● チャネルの新規参入は困難で想定以上のコ
　ストがかかるリスク

B案を提案

● 配荷率60%の確保に、A案は1年半必要。
　B案は即時立ち上げ

● 自社マーケ部隊のZ社移籍と工場集約など、
　買収後管理の徹底で、現在価値ベースはB
　案が優位

第3章｜How?-1　プレゼン資料作成の基本　155

Point 05　コンセプトチャートの基本

構造や概念を伝えるチャート

コンセプトチャートとは「Who」「Where」「When」「How」など、実行ステップ、位置づけや構造、因果関係など、定性的、概念的なことを相手に伝えるチャートです。

一例として、図表3－9のようなチャートが存在します。

図表3－9　コンセプトチャート

二次元チャートの基本は縦・横軸と座標位置で表現する。
加えて、相互の関連・構造や、回転・循環の表現もある

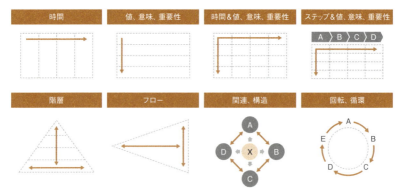

出典：『プレゼンテーションのための資料構成と図表デザイン』マッキンゼー 丸尾智秋を参照して改訂

秩序を決め、守る

コンセプトチャートを発想する上での、基本的なヒントをいくつかご紹介しましょう。

まず1つ目は、秩序を守ることです。無秩序なレイアウトは一目でわかりにくく、読み取るのに時間がかかり、聞き手がそれだけで内容への集中力を失います。聞き手の一般的な目線の流れや思考法を想定しましょう。

A4横紙のレイアウトでは、聞き手がまず左上から右上、上から下、座標軸上の位置確認をするという、目線の流れを意識してデザインすべきです。

2軸を決める。構造を決める。回してみる。

2つ目は、軸を1つ、または2つ決めて、言いたいコンセプトを表現してみることです。何か言いたいメッセージを出すときの切り口（＝軸）を常に捜し求め、軸を念頭に置きながら内容をチャートに表現していきましょう。

二次元で表現するチャートデザインでは「時間」のように一連の流れや、位置づけ・ステップ、階層、フローなどのように横と縦の軸で表現することが基本です。それに加えて相互の関連や構造、回転・循環という構図なども概念的に表現することができます。

分析結果から伝えたい意図を抽出してマトリクス化する

2つ以上の複数の軸で分析した概念は、マトリクスの表現を試してみましょう（図表3－10）。実際のチャートが二次元なので三次元の表現は困難ですが、縦軸と横軸の関連で、5W1Hをマトリクス状に組み合わせて3軸以上の意味合いを表現することができます。この図のように、それぞれの欄の共通項を括りだして意味合いをまとめ、その上で「So–What（だから何が言えるのか？）」を付け加えることで、メッセージが明確になります。これは軸を構造化したコンセプトチャートの基本です。

図表3-10　5W1Hを軸として共通項を括ることはチャートの基本

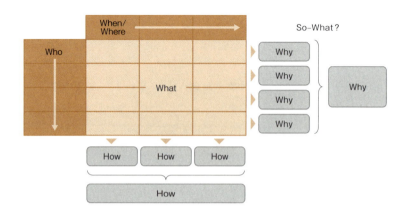

真似ることが上達の近道

　良いコンセプトチャートを描くには、才能と鍛錬が必要です。才能が人並みの人は、まず他の人が描いたチャートを実際に見て、表現が良いものがあれば、それを真似て使ってみましょう。そして、お手本として気に入った表現のコンセプトチャートのコレクションをしましょう。

　次に、良く活用されるコンセプトチャートの典型例を解説します。納得できたものを真似て使ってみましょう。

流れ・位置・ステップを表すコンセプトチャート

　図表3-11のチャートは、企業がどういったステップで商品やサービスという価値のあるものを創造し、顧客に提供するかをMECEに区切って図式化したもので、「ビジネスシステム」と呼びます。企業の各機能のステップで生み出す付加価値が、どこから主に生じるかを分析します。また、横軸を会社の主要機能とし、縦軸に競合と自社を並べてその機能ごとに比較し、そ

れぞれの強み・弱みを分析する際も使用されます。ハーバードビジネススクールのマイケル・ポーター教授の「ヴァリューチェーン」はこれを改定したものです。

図表3−12のチャートは、横軸の時系列に対応して、積み上げるべきステップの要素を示しています。たとえばメッセージとしては「顧客ニーズ分析の強化がすべての始まり」として、3ステップのそれぞれのキーワードを書き込みしています。

図表3−11　チャート「流れ」

マーケティング能力が競合に大きく劣後しており、対策が必要
〈ビジネスシステム〉

	研究・開発	調達製造	マーケティング	販売サービス
競合	○	○	◎	△
自社	◎	○	△	△

図表3−12　チャート「ステップ」

顧客ニーズ分析の強化がすべての始まり
〈営業効率アップのステップ〉

図表3−13　チャート「位置」

A、C、Fへの重点投資を行う。
G、Eは地位改善勧告
〈優先順位付け〉

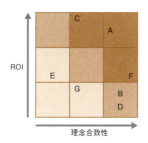

図表3－13のチャートは、事業のポートフォリオ管理上、優先順位を表したチャートでよく使われるものです。縦、横の軸に判断基準を入れ、それぞれステップが向上する3つにレベル分けしているので9つマスがあります。ここでは右上のA、C、F事業への追加投資とG、E事業への警告という優先順位の理由が表現されています。

　GEがマッキンゼーと共同開発した、「業界の魅力度」と「事業単位の地位」を2軸でHigh、Middle、Lowの3段階にしてポートフォリオ分析に使った、GEビジネススクリーンが事例として知られています。

▐ 関連、構造を表すコンセプトチャート

　図表3－14のチャートでは、「現状はいくつかの表面的な問題があって、それを引き起こしている3つの根本的な原因として課題を特定したこと」と、「解決策が大きな方針として3つ考えられて、解決策を具体化させた5つの施策は相互に関連を持ちながら実行に移していく」という複雑なコンセプトを表現しています。

　プレゼンテーション前半の締めくくりのチャートとして使用する場合には、特定した課題の妥当性を説明して、聞き手のそこまでの理解度をレベル合わせしましょう。それから後半部分への導入の説明に繋げることで、5つの具体的施策は思いつきでなく、根本的な課題の解決に直結していることを明示できるので、聞き手の納得感を得やすくなります。

　図表3－15のチャートでは、中心に変化点を設けています。それを取り囲む環境としての要素が中心に向かって影響を及ぼしている力学を表現しています。通常は「経済環境・競争環境・技術環境・社会環境」などのマクロ環境を選択する場合が多いでしょう。ここではインバウンドの観光事業への期待予測を表現しています。

　マイケル・ポーター教授が提唱し、特定業界の超過利潤を享受できる構造を解き明かすために広く活用されている5フォース、つまり「競合関係、新規参入の脅威、代替品の脅威、売り手（供給業者）、買い手（ユーザー）」の分析は、この代表例でしょう。

図表3-14　チャート「本質的な原因・解決策の図式化」

課題に対する具体策の連関対応がキモ

〈原因・解決策の図式〉

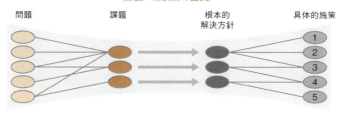

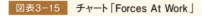

図表3-15　チャート「Forces At Work」

図表3-16　チャート「要素の整理」

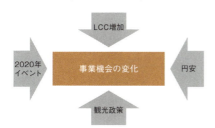

図表3－16のチャートでは、重ねた3つの輪の中心に「コア事業」と表記し、3つの要素の重なりが重要であるという判断を端的に伝えています。

回転、循環を表すコンセプトチャート

図表3－17のチャートは、第1章で課題特定をする際に使用した因果関係分析のチャートです。円と、そこに繋がる要素と循環の矢印を描いて、因果関係をコンセプトチャートとしてビジュアル化することで、何が中核的な課

題かを端的に表現することができます。

　図表3-18のチャートは、4つの要素からそれぞれ矢印が次の要素に回転して繋がっている構造を表しています。事例として、この4つの要素は低価格の破壊をもたらす企業のマーケティングの施策として、首尾一貫していなくては効果が弱まることを表現しています。

図表3-17　チャート「連関図」

パワハラが、今回事故の根源
〈連関図〉

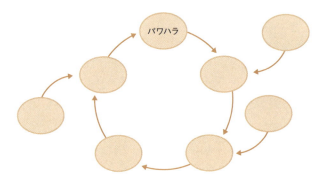

図表3-18　チャート「相互に関連する構成要素」

4つのPは循環的に一貫性を保つべき
〈循環する構成要素〉

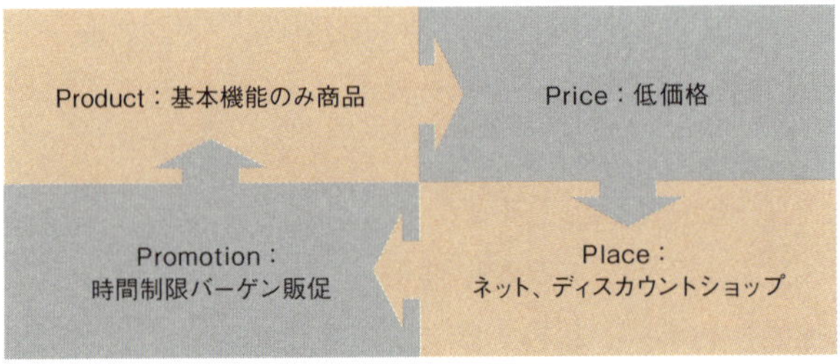

Product：基本機能のみ商品　　Price：低価格

Promotion：
時間制限バーゲン販促　　Place：
ネット、ディスカウントショップ

Point 06

データ(定量)チャートは「差」を比較し絵にする

データ分析に使われる6つの比較

データチャートとは「How Much」つまり、「どのくらい問題なのか」「どれくらい儲かるのか」などの、定量的な内容を伝えるチャートです。

分析とは、単に要素を分けることではありません。データの分析結果をビジュアル化する場合、データ間の差を「比較」してビジュアル化することが基本です。分けた要素同士を比較し、その差の意味合いを抽出することを分析と言います。

そしてデータを比較する手法には「構成要素比較」「項目比較」「時系列比較」「頻度分布比較」「相関比較」「感度・シナリオ比較」の6つがあります。

データチャートの5つの基本型

比較によって明確になった差を表現するデータチャートの基本形式は、パイ（円）、バー（横棒）、コラム（柱状の縦棒）、ライン（折れ線）、ドット（点：散布図）の5つです（図表3-19）。

パワーポイントなどのソフトにはグラフメニューがあり、そこにはこの5つに加えて「面、株価、等高線、レーダー、ツリーマップ、サンバースト、ヒストグラム、箱ひげ図、ウォーターフォール、じょうご」という形式が別建てに表示されています。しかしながらレーダーチャートを除く他の形式は、この基本の5つの変形です。たとえば、面はライン、株価はコラム、等

第3章 | How?-1 プレゼン資料作成の基本　163

高線はライン、ツリーマップはコラム、サンバーストはパイ、ヒストグラム・箱ひげ図・ウォーターフォールはコラム、じょうごはバーの、それぞれ変形です。

レーダーチャートは独自の形式です。レーダーチャートは複雑すぎて軸の対角に必ずしも論理的に反対の意味が付与されていない場合が多く、初めて見ると読み取るのに時間がかかります。業界の特殊ルールが定着していて、聞き手全員に分析の意図が一目見ればわかるという場面以外では、避けたほうが無難です。

レーダーチャートを除いて、5つのチャートの基本的な活用方法さえマスターすれば、あとはそれらの組み合わせで高度な表現ができます。

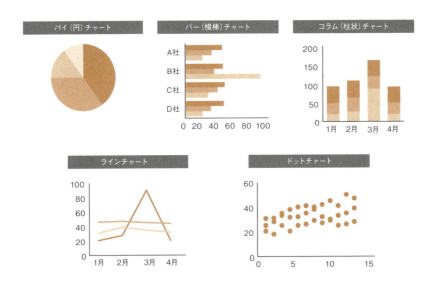

図表3-19 データチャート*の基本形はわずか5つ。他はこの変化・複合型

*チャート：図表の表現全般
出典：『マッキンゼー流 図解の技術』『マッキンゼー流 プレゼンテーションの技術』ジーン・ゼラズニー（東洋経済新報社）を参照

比較方法とチャートの基本形の関係

データ比較法とそれに適したデータチャートの組み合わせには一定の法則があります（図表3−20）。

6つの比較と、チャート形式との関係をマトリクスに整理して、米国マッキンゼー社のジーン・ゼラズニーが提唱している、「データチャート作成のガイドライン[*13]」を解説しましょう。この法則は彼の深い洞察と経験に裏打ちされていて、示唆に富んでいます。まずはこの法則に従って定量チャート作成の基本を身につけてください。ただしこれはあくまでガイドラインであって、絶対的なルールではありません（詳しくは『マッキンゼー流 図解の技術』東洋経済新報社を参照のこと）。

図表3−20 データチャート作成のガイドラインをまず、マスターする

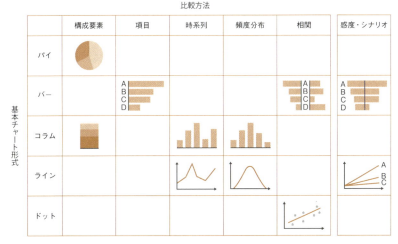

出典：『マッキンゼー流 図解の技術』『マッキンゼー流 プレゼンテーションの技術』ジーン・ゼラズニー （東洋経済新報社）を参照

---

*13　出典：『マッキンゼー流 図解の技術』ジーン・ゼラズニー （東洋経済新報社）

3ステップで定量チャートを作成する

データチャートは、以下の3つのステップで作成します。

1．データからメッセージを決める
2．メッセージから比較法を決める
3．比較法からチャートを決める

この手順について、詳しく解説します。

ステップ1　データからメッセージを決める

ストーリーの全体像に合わせて、使用するデータからこのページで言いたいことのメッセージを抽出しましょう。単なる分析名のタイトルをつけるのではなく、メッセージで主張します。

データチャートの作成にはまず手元のデータから、比較すると差分に意味がありそうと思う数値を特定します。その数値がどのような傾向や意味合いを示すのかを把握し、指摘すべき有意差が主張できるデータかどうか見極めましょう。

次に、たとえば商品ごとの売上データを比較する場合に、「市場でのシェア（占有率）が高い」と言いたいのか、「あるブランドが1番目、2番目は……」と言いたいのか、その「シェアの時系列変化」をメッセージとして言いたいのか、そこを見極めます。

ただし、まったく逆の発想ですが、仮説思考からメッセージを組み立てて、それを証明するデータ収集をした場合は「メッセージからデータ」という流れもあり得ます。

ステップ2　メッセージから比較方法を決める

ステップ1で作ったメッセージに、先に解説した「データチャート作成のガイドライン」の6つの比較のうち、どれが当てはまるのかを確認します。ヒントは抽出した図表3－21のようなメッセージ中のキーワードにあります。

図表3-21	キーワードから比較法へ

キーワード	比較法
30％である／ほとんどのコストの割合は変動費	構成要素
3社のシェアはほぼ同じ／一番のコスト項目は	項目
ここ5年で平均3％成長／市場はここ10年で倍になる予想	時系列
出席者の年齢は25〜35歳が多い／データはXからYの間に多く分布	頻度分布
XとYは正比例で／2つのデータ間には関係がない	相関
コストを5％削減できれば結果は……／3つのシナリオを比較すると	感度・シナリオ

ステップ3　比較方法からチャートを決める

　最後にガイドラインに従ってチャートの形式を決めましょう。チャートには、パイ、バー、コラム、ライン、ドットという基本形があります。これらの基本形をそのまま使うか、必要であればそれらを組み合わせ、複合チャートにして表現を高度化しましょう。

　この3ステップの手順はあくまで原則であり、データの数表を任意のチャートにしてその形を何度か変更し、試してみるうちにメッセージが浮かぶという手順もありえます。

　ここから具体的に、比較方法によってどのチャート形式を選択すべきか、その理由も含めて解説しましょう。

構成要素比較ではパイチャートかコラムチャートを使用する

　マーケットシェア（売上の市場占有率）を商品ごとに比較する場合や、総コストを要素分解して百分率で表現する場合など、総合計が100％になるデータの要素同士を比較する場合は、パイチャートかコラムチャートを使いましょう。

　構成要素比較は、データの構成比を比較することで対象の大きさ、意味合

第3章｜How?-1　プレゼン資料作成の基本　167

いを述べるための分析です。個々のデータの数値を読みこませることが目的
ではなく、強調したいデータ要素の％と、その意味合いを印象的に伝えたい
場合は適しています。

　構成要素は6個を超えないようにしましょう。細分化されすぎた要素は、
あえて独立して見せる意味がない場合「その他」にまとめましょう。

　パイとコラム2つのチャート形式を使い分けるヒントを解説します。パイ
チャートは円を中心にぐるりとパイの半切れを説明する凡例、データの区
別、読み方の注釈、パーセンテージの表示など、細かい説明を加えようとす
るとそれがパイを取り囲んで、聞き手の目線が回り、一目で理解がしにくく
なります。それと比べるとコラムチャートは、シンプルでスペース効率が良
く使い勝手が良いです。要素ごとに何らかの解説を文章で入れる場合、個人
的にはコラムチャートをお勧めします。日本のマッキンゼー社では特にパイ
チャートの使用は奨励されませんでした。

　ここで、この2つのチャート形式を比較してください（図表3－22）。「商
品Aの売上貢献度が高まり主製品となった」というメッセージを表現しよう
としたら、パイとコラムと、どちらが適しているでしょうか？ これ以降の
解説を読む前に、選択してください。そしてその理由を述べてください。い
くつ理由を挙げられるでしょう？

図表3-22　パイチャートとコラムチャートの比較

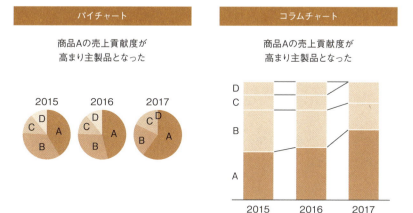

　読者の中で、コラムを選択した人がいるでしょうか？　もし選択したのであれば、その理由はどういったものでしょうか？「なんとなく良いと思う」という方は、実は正しい。当然だろうと感じたら、もっと良いです。ビジュアルコミュニケーション上、直感は重要で、そう感じるには何らかの意味があります。正しい、または違うと感じるチャートを見つけるたびに「Why-So？」と自問すれば、自らのチャート心を滋養できます。

　右側のコラムチャートが優れている点は3つあります。

　1つ目は、3つの図の下端、基準点が直線状に並んでいるので、目を横に移動するだけで時系列のデータの変化がわかり、「貢献度が高まり」というメッセージが伝わることです。これは構成要素比較と時系列比較の複合型です。そのため、パイは1つだけなら良いでしょうが横に3つ並んだりすると、データの基準点が3つあり、変化する角度で増加分を比較するので、差分を確認しようとすると文字通り目が回ります。

　2つ目は、コラムの凡例は縦一列に一連だけで単純ですが、パイでは煩雑な印象を与えることです。かといって一連にまとめるとパイの半切れと凡例

第3章 ｜ How?-1　プレゼン資料作成の基本　169

の間を何度も目で追って確認する羽目になります。目線を縦軸、横軸とシンプルに動かしメッセージの意味を確認できるほうが、聞き手にとって親切でしょう。

3つ目は、コラムではデータ間を補助線でつないであり、Aが右肩上がりであることがわかりやすいことです。パイでこの技は使えません。加えて、コラムチャートではAのみに強調色を使用していることもメッセージをきわ立たせています。

もしパイを選択した方が「主製品になった」というメッセージを最重要視したという理由であれば、それは一理あります。つまり強調したいメッセージによってチャート形式は決定すべきです。ただしその場合は「貢献度が高まり」という時系列比較の要素が大きく損なわれることは理解しましょう。

項目比較はバーチャートを使用する（例外的にコラムチャート）

それぞれのデータ項目の大小や順位を比較するにはバーチャートを選択しましょう。極めて例外的に、データ数が多くA4横使いのチャートの縦軸に収め切れない場合で、文章の縦書き表記ができる場合は、コラムチャートを使用しても良いでしょう。

それぞれのデータの項目ごとに大小を比較し、順列など、意味合いを見つけるために行う分析が項目比較です。例として、競合ブランドXの「そのブランドを購入した理由は何ですか？」というアンケートの回答を分析して、縦軸には比較する項目、横軸にそれぞれの数値の大小をバーの長短で表現します。最上部に「そのブランドが好きだから57%」「商品パッケージがカッコイイから37%」という理由が続いています。これらは構成要素比較のための%ではなく、購買要因となった項目の順位を比較するために表しています。

大まかな数値の大小の表示が重要ならば目盛りを付加し、実数が重要なら目盛りを省き、項目ごとの数値を挿入しましょう。通常項目比較での並び順は上からの降順にしましょう。図表3−23の左のチャートのようにバーがでこぼこに並んでいて項目の順位が降順でないチャートを時折見かけることがありますが、データの差分の分析、意味合い出しをしていないダメチャート

です。よくある間違いは市場調査時に作ったアンケートで、質問項目の順番に集計データが戻ってきた際に、そのまま並べ替えず作図しているというものです。一方で、その企業には数多くの商品が存在し、その不良品率をバーチャートで表現し「商品によって不良品率のバラつきは大きい」と伝える意図をもって、あえて並び替えをしない場合は、問題ありません。

また、項目比較を表現するのにバーチャートでなく縦のコラムチャートを使っている資料をよく見かけますが、事例のように、項目比較ではバーがわかりやすいことは一目瞭然でしょう。理由としては、まずパワーポイントなどで横長のスクリーンの場合に、凡例が長い文章になってもスペースを有効に活用できるのでバーチャートのほうが読みやすいからです。また、事例の

図表3-23	項目比較ではコラムチャートかバーチャートか？

コラムチャート　　VS.　　バーチャート

X has Brand power
〈Reasons to have bought Brand X〉

X has Brand power
〈Reasons to have bought Brand X〉

Source：Web survey Jul 2017
　　　　1200 samples by Mktg Dept

Source：Web survey Jul 2017
　　　　1200 samples by Mktg Dept

第3章｜How?-1　プレゼン資料作成の基本　　171

ように英語のアルファベットなどをコラムに対応して縦書きすると読みにくいでしょう。例外として日本語や韓国語、中国語の場合は縦書きもできるので、コラムチャートで凡例を読みやすく書くことも可能です。なお、言語によって文章を読みだす開始点が右からか、左からか異なる場合があります。コラムチャートではそこに違和感を覚える聞き手がいるかもしれません。バーチャートは一番の項目は一番上になりますが、これはユニバーサルな表現です。1つのプレゼンテーション資料を日本語、英語、アラビックなど多様な言語に対応して翻訳し共有化する場合は特に、項目比較ではバーチャートをお勧めします。

時系列比較はコラムチャートかライン（折れ線）チャートを使用する

データの一定期間における変化を差分として比較するにはラインチャートか、コラムチャートを使用しましょう。データ数が多く、差分の一点を強調するより大きな流れの意味合いを表現するなら、ラインチャートにしましょう。連続しているデータ数が10前後と少ない場合に、ある項目の特異性や、流れからの乖離が大きいことを指摘したい場合はコラムチャートが適しています。

たとえば「飲料は夏商戦前の5月売上の落ち込みが痛手だった」というメッセージを説明したい場合、コラムチャートは平均との乖離を差として明確に示せます。ラインチャートでは線の角度で差分を表現することになるので、わかりにくいのです（図表3-24）。

ラインチャートは使用頻度が高い、使い勝手の良いチャートです。競合間のシェアや売上推移などに使用する際は自社を表すラインを際立たせるために太字、強い色調を選択し、他のラインを抑えた色調にします。自社のコーポレートカラーがあればそれを使用しましょう。

ラインの下を塗りつぶすと、面チャートになり面積で差分を直感的に伝えることができます（図表3-25）。しかしながらもしこの事例で自社とX社の対象データの数値の大小が月によって逆転する場合は、単体データの増減

図表3-24　時系列比較ではラインチャートかコラムチャートか？

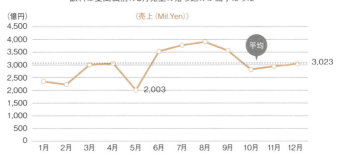

のインパクトが見にくくなるので、面チャートは避けましょう。

わかりやすさを重視して使用するデータ数も絞り込みましょう。ラインチャートのデータ数も5本程度を目安にし、残りは合計してその他にまとめましょう。

図表3-25　競合間の差分を時系列比較し、ラインチャートと面チャートで表現

頻度分布比較はコラムチャートかラインチャートを使用する

　一定の連続的な数値の範囲内にデータが出現する頻度（分布）を比較することで、意味合いを表現するには、コラムチャートか、ラインチャートを使用しましょう。

　不連続なデータであればそのまま分布を比較すれば問題ありませんが、年齢や所得などのようにデータが連続量の場合、同じ数値が何度も出現しにくいため、適当な区切り（階級）に何個データが入っているかを数えた値（度数）の分布を表現します。その元のデータが連続している場合にコラムチャートの柱と柱の間を空けないように描くと、ヒストグラム（度数分布グラフ）になります。ヒストグラムでは長方形の面積が量（度数・比率）を表します。そのため、コラムの幅、つまり区切り幅の取り方に分析の妙味が出てきます。区切り幅を工夫して両隣の小区間を括りなおす再分析作業を試すと、これまでと違った見え方、データ解釈の仕方が出てくる可能性があります。区切りが少なすぎるとデータのパターンが隠れてしまい、多すぎるとパ

ターンが壊れます。最適な区切りに到達するまでビジュアルチャート化の作業を繰り返してみてください。

図表3-26は、1か月間で自社ブランドZのホームページに訪問してくれた顧客がページを閲覧した、日ごとの回数（P.V. ページビュー）の区切りを変えながら頻度分布比較したものです。1日に4000〜6000P.V.程度が山場となっていることが表現されています。

ビジュアル化をやり直すことで伝えるべきメッセージが変更されたり、意

図表3-26　頻度分布比較のヒストグラムは、区切り幅を変えて、意味合いを抽出する

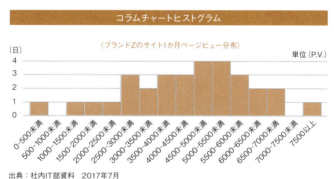

vs.

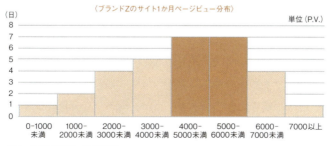

味合いが鋭くなることがあり得るのです。区切りの設定は誤解を招かないように等間隔にすべきですが、この事例のように7000P.V.以上のデータは例外的な値も含め、「〜以上」として一括りにしています。

　時系列比較と同じ理由で頻度分布比較も小区間の数が10個前後であれば、コラムチャートが良いでしょうし、小区間の区切りを小さくし、数を増加させた場合はラインチャートを使いましょう。

▌相関比較はバーチャートかドットチャートを使用する

　2つの変数が、一般的に予想されるような何らかの関係があるか、ないか、あるとするとどの程度の関係の強さかという、相関を示す場合は、バーチャートかドットチャートを使用しましょう。

　たとえば、「営業が商談で特別バーゲン費用を大きく提示するほど、売上は多くなる」はずであると予想ができます。しかしながら実際には無相関（相関がない）という分析結果が出れば、図表3−27のように「営業の個店特別バーゲン費用と売上の相関係数は0.23と弱いので、効用の低い営業から費用を節減すべき」という分析結果を踏まえたメッセージを示すのです。データ量が多い場合にドットチャートを使いましょう。

　もしデータ数が10前後であれば、バタフライチャート（対構造のバーチャート）で表すと良いでしょう（図表3−28）。

　ドットチャートの変形としてはバブルチャートがあります。これはX軸、Y軸の座標に加え、点の替わりに円の面積を使って3つ目の変数を表現することができます。図表3−29の事例では各ブランドの小売店への配荷率、つまり店頭で商品が並んでいる率と中・高生のブランド認知度には相関が高いことを示しています。そしてそれぞれ60％を超す3ブランドが売上も高いことを示すバブルチャートです。このチャートに時間の軸を加えて、バブルの3年程度の年ごとの変化をプロットすると、配荷、認知度、売上、その経時変化という4つの要素を表現することもできます。その場合はバブルの数が多すぎるので、対象ブランドを3〜4程度に絞り込みましょう。

図表3-27　ドットチャート

営業の個店特別バーゲン費用と売上の相関係数は0.23と弱いので、
効用の低い営業から費用を節減すべき

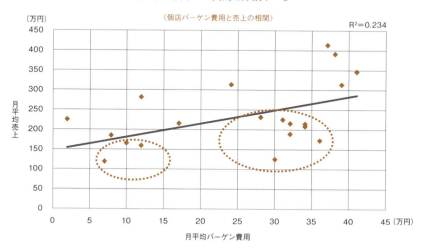

図表3-28　バタフライチャート

営業の個店特別バーゲン費用と売上の相関係数は0.27と弱いので、
効用の低い営業から費用を節減すべき

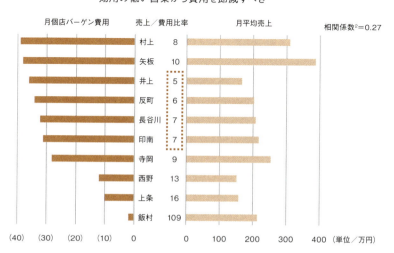

第3章｜How?-1　プレゼン資料作成の基本　177

図表3-29 バブルチャート

*ブランド認知と売上の相関は0.71、配荷と売上の相関は0.53
出典：ユーザー調査（2017年2月実施）

感度・シナリオ比較はバーチャートかラインチャートを使用する

　感度分析とは、経営計画を立てる際に、特定の変数が通常の予測値から、たとえば10％または20％と上下に変動したことを仮定して、どの変数がどの程度最終的な利益やキャッシュフローなどに影響を与えるかを見る分析です。振れ幅が大きいものから慎重に対策を想定します。
　シナリオ分析とは、戦略立案する上で、不確実性のある要因に対処するため、複数の異なる条件で戦略の成果を予測する分析です。具体的には、複数の条件で戦略に対する現在価値を計算することが基本になります。戦略を実行し悲観的、標準、楽観的シナリオに振れたときに収益や必要投資額がどれ

図表3-30　バーチャートとラインチャート

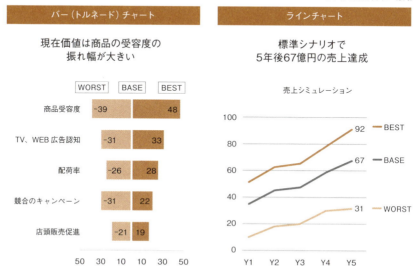

＊現在価値計算の割引率は10%、初年度の投資は業務提携費用、マーケティングコストで25億円を想定
出典：財務部

　だけ変化するかを求めます。例として新製品を発売する場合には、商品の顧客受容度、プロモーション活動による商品認知度の高まり程度、流通経路での配荷率、競合の反撃具合、店頭販売促進活動などの変数をそれぞれ3つのシナリオとして設定し、対策を準備します。

　感度分析、シナリオ比較はいくつかの重要な分析の前提条件を変化させて、その結果を比較する分析です。振れ幅を比較するためにバーチャート（トルネード〈竜巻〉チャート）を使用すると良いでしょう。また、将来の売上、利益予測など、条件の振れを時系列で比較する場合も多いので、その場合ラインチャートを使用しましょう（図表3-30）。

シナリオ分析ではビジネスに大きな影響を与える条件を、過去の事例からいくつか選択して、それぞれの条件が一番起こりうると想定できる「Base：基礎・標準的」シナリオと、理想的な条件が重なった「Best（High）：楽観的」シナリオと、悪条件がいくつか重なった「Worst（Low）：悲観的」シナリオを考えて、それらの組み合わせのシミュレーション3つを比較しましょう。

　通常トップマネージメントはまず標準的シナリオの結果とその前提条件に注目した後に、悲観的シナリオの主な前提条件を聞きたがります。そしてその悲観的なシナリオに対して「どのようなリスク管理を想定しているか？」と尋ねられるので、その対策を一覧にしたチャートの準備があると良いでしょう。

Point **07**

ビジュアルチャート化
7つのヒント

ヒント1：チャート枚数は気持ちいいリズムで決定

　自らのプレゼンテーションを録画し、語りと次ページへ移行するリズムを注意深く観察して枚数を決定しましょう。

　1枚のページで気持ち良く語ることができて、聞き手もそのリズムが心地よいことは、大切です。もしあなたが1枚のチャートを1分程度で語るのが気持ち良いリズムであったら、30分のプレゼンテーションには30枚以内のチャート枚数を基本とし、チャートの内容に合わせて枚数を調整しましょう。章をまとめたり目次の章区切りページを挿入したりしてメリハリを効かせている場合の枚数は省いて考えます。

ヒント2：定量表現に定性表現で補強する

　チャートのビジュアル化では「メッセージを際立たせるために」矢印、補助線、図形、色やシェード（影の濃淡）を使用しましょう。たとえば一番強調して説明したい部分、2番目にと、それぞれ順番に目立つ色やシェードを使用し、他のデータは目立たない色、たとえば灰色にします。定量的な表現に、色や点線、矢印といった定性的な表現を加えることで、言いたいことがより一層強調できます。パワーポイントやエクセルからの図は、自動でまったく意味合いがない配色がデフォルトで出ます。それをそのまま使用せずに、強調すべきデータのみ強い色を使用します。色替えは慣れれば1分もか

第3章 ｜ How?-1　プレゼン資料作成の基本　181

からずにできます。

　強調を促す一方で、奇異に聞こえるかもしれませんが使用色やシェード数は3〜4色に絞り込むべきです。図形もシンプルにしましょう。企業のブランドカラーなど、使用する色に本来特別な意味がある場合は先方の決まり事に合わせましょう。参加者の文化や国籍が入り混じったコミュニケーションの場合、文化によっては奇異に感じる色やシンボルが存在するので、そこから起こる予想外の反応を避けるには、一般的な色使いを心がけることです。たとえば聞き手の注意を喚起する黄色や赤と、良好な状態を表す青や緑色などは常識的な使い方をすべきです。どうしても個性的な印象を与えたかったら、事前に関係者やその国の出身者にビジュアルの確認をしていただくようお勧めします。

　過度に使用する色、シェードが増えた弊害でチャートのどのポイントに注目すべきか一目で理解できないようであれば、作業の無駄です。視覚へのノイズは極力抑えフラット（平坦な）デザイン、ミニマリズムを心がけましょう。

　また、背景色を黒や濃紺などにして文字を白抜きにするプレゼンテーション資料は、デザインをシンプルにする必要があるので、スタイリッシュで聞き手に強い印象を与えるというメリットがあります。しかしながら配布資料を大量に紙で印刷する必要がある場合に、背景色をベタで印刷するために極端に時間がかかったり、プリンターのインク切れが起きて窮地に陥るなど、そのデメリットも考慮しておきましょう。

ヒント3：ビデオやアニメーションも最小限度に

　1枚のチャートで、複雑なステップや状況の変化など順を追って説明したい場合にアニメーションは活用すべきです。

　アニメーションやビデオで面白いと思ったり、疑似体験したりすることは強く右脳に作用して記憶に残ります。聞き手の興味を引いて感情に働きかけ、楽しいと感じさせることは、説得に有効なことが多いのです。たとえば顧客のインタビュー映像を実際に見せると臨場感が増し、文章よりも聞き手

にはるかに大きなインパクトを与えることができます。

　一方では聞き手に意識を集中してもらいたいときに、アニメーションやビデオを過度に多用し、注意を殺いでしまっては逆効果です。ヒント2の定性表現の抑制と同様に、やりすぎないことです。

▋ ヒント4：使用文字は大きく。使用書体はモダンに、少なく

　本文で使用する文字の級数を最低でも16ポイント、できれば20ポイント以上にしましょう。手持ち資料で確認するためのデータの出典や注釈などは12ポイント程度の小さな文字でも結構です。会場の設定に依ってスクリーン上の資料の見え方が変化するので、リハーサルをする際には席の一番遠くに自分で座ってみて、視力が悪い方でも確実に読めるかどうか確認しましょう。

　文字の読みやすさに注意を払うことはチャート化の基本中の基本です。一般的に会社の上位職の方は視力に弱点を抱えている場合があり、小さい文字で読みにくいチャートにいら立つような事態は避けるべきです。

　脳科学者の研究によると[14]デザインの視認性とそれによって引き起こされる感情には関連があり、一画面に2種類以上3サイズ以上の書体があると、それ以下のデザインと比較して感情関与が顕著に阻害されるそうです。無秩序に多くのフォント（書体）と文字サイズを混合して使用しないことです。

　明朝体ではハネ、英語ではTimesなどの書体では文字の端にある小さな飾りを「セリフ」と言いますが、歴史を感じさせ、格調高い本やレポートには向いています。しかしながらプレゼンテーションに使用するときは古臭い印象を与えます。ゴシック体やサンセリフ体などセリフがなく、癖の少ない、現代的な書体を1つか2つ使用しましょう。似ていながら微妙に印象が異なる書体を混在させることは慎みましょう。個人的には書体のMeiryoは見た目が良いだけでなくスペース効率が良いので、文章をコンパクトにまとめることができますから、お勧めします。

---

*14　出典：『マーケターの知らない「95％」──消費者の「買いたい！」を作り出す実践脳科学』A・K・プラディープ（阪急コミュニケーションズ）

ヒント5：分析のチャートをそのまま使用しない

SWOT分析、5フォース分析、損益の試算表など、現状の整理や思考を深化させるために作成したチャートは、複雑かつ細かすぎることが多いので、重点ポイントを残して他をそぎ落として本編資料とし、詳しい説明を求められたらその詳細分析を添付資料から引き出して説明しましょう。

まず、本番のプレゼンテーションで分析のチャートは細かくて読めません。加えて、意味なく細部に入り込んだ説明になりがちです。そのため聞き手がストーリーを見失う危険性が大きいのです。

ヒント6：ビジュアルで騙さない

見た目で騙すテクニックは様々で、たとえば以下のようなものが多用されます。これは慎むべきです。

- ラインチャートやコラムチャートのY軸のベース部分を切り取って、売上のちょっとした上昇を過大に表現する
- 主張したいメッセージに合わせてヒストグラムのX軸の小区分の間隔設定を意図的に調整し、印象が全く異なるチャートにする
- ある年を意図的に基準点の100％としてそこからの増加率を指数換算し、パーセンテージ表記のラインチャート化する

聞き手が数字に強い場合、上記はまったくの逆効果で「なるほど、私を騙そうとしているのだな」と否定的な反応を引き出すことがあります。ビジュアルでの強調は良いですが、過度な印象操作はプロフェッショナルとして恥ずべき行為です。図表のスケール選択では、基準点は0からを原則とし、軸を恣意的に切らないことです。ヒストグラムのX軸も両端の極端な値の排除以外は等間隔にすることなどは、守るべき原則です。

ヒント7：
聞き手が、感情訴求＞合理訴求の場合は真逆のアプローチに

　企業のトップマネージメントは合理的な判断に長けている方が多く、戦略系の経営コンサルタントは合理訴求が得意であることが多いので、難解なデータを提示し、抽象度の高いチャートを頻繁に使用しがちです。しかしながら、組織課題や顧客密着が重要な営業現場のオペレーション課題のような「人の感情」を扱う場合には、合理的な訴求で事足りるとは限りません。その際に聞き手の感情に訴え、共感していただくためには、左脳的に読ませ、考えさせる合理訴求の文章や細密なデータは必要相当分のみとしましょう。直感的にメッセージが理解できるよう、文章の代わりにシンプルな概念図、写真やイラストを使用しましょう。数値を扱うなら無駄なエクセルの罫線などは省き、シンプルなチャートにしましょう。

　特に聞き手が緻密な分析そのものよりも感情訴求に反応しやすいと判断したら、文字の大きさも20ポイント以上にして、チャートもシンプルで視覚的に魅力の高い写真やレベルの高いイラストなどを使用してみましょう。資料を大量に印刷する必要がある場合には、インク切れなど印刷のトラブルを避けるために背景を白にすることをお勧めしましたが、感情訴求がメインでドラマチックな演出を付加するには、背景に暗色を使用して文字を白抜きにする視覚化も試してください。アニメーションを効果的に使うことも挑戦してみましょう。ページごとのキーメッセージは画面に表示せずに、プレゼンターがすべて言葉で伝達するスタイルも効果的です。それには一定以上のプレゼンテーションスキルが要求されます。その場合はまさに「プレゼンターが主役」のプレゼンテーションになります。

第 4 章

How?-2

プレゼンの実演と準備のコツ

本章では、プレゼンテーションを実演する準備のための具体的な作業と、プレゼンテーション当日のヒントを解説します。

Point 01 プレゼンの成否は準備で決まる

プロフェッショナルたちは準備を怠らない

重要なプレゼンテーションで成功するには、Q＆Aの準備やリハーサルなどの直前準備の手順をマスターしていくことが絶対的に必要です。発表時間ぎりぎり最後まで資料の完成度を気にして時間を費やすよりも、資料の最終手直しの期限を決めて完成させ、その後は質疑の対策やプレゼンテーションの流れの要件チェックやリハーサルに振り向けたほうが、プレゼンテーション全体の成功確率が向上します。

様々な場面でプレゼンテーションの指導をしてきた私の経験則から言うと、質疑対応の準備やリハーサルをまったくしない場合と適正なフィードバックを受けながら数度繰り返した場合とでは、そのパフォーマンスは圧倒的に差が付きます。発表スキルが未熟なプレゼンターであれば、その度合いに比例して改善効果が大きいものです。

経営コンサルタントやその職業を選択しようとしているプロフェッショナルには自信家が多く、プレゼンテーションで初めから不安を感じたことがないように見えます。しかしながら生まれつきプレゼンテーションに不安を抱かない人間は稀です。皆自らの不安に向かい合って、成功体験の蓄積を経てそれを克服してきたのであり、私もそのうちの一人です。自分のパフォーマンスに自信が付いたことによって、その説得力が増したのです。質疑の対策とリハーサルをしておくことで、「直前準備は万全だ」と思い込むことができて不安解消にも寄与します。

[準備編]

Point 02

想定問答を3つ考えておく

リスクに対して先手を打つ

「プレゼンテーションの質疑で、尋ねられると困る3つの質問は何か?」と、チーム内で一人3問ずつ事前に準備し、それを基礎にブレストして、抜け漏れがないかを皆で確認します。その中からプレゼンテーションの生死を分ける重要質問事項をまずは3つに絞り込んで対策を練りましょう。その対策が終わって余裕があれば、できる限りの想定問答を準備しましょう。チームメンバーが多ければ、人数分掛ける3つの質疑を担当別に割り振ってカバー範囲を広げます。口頭で対応できるものは除いて、その対策のためのQ&Aシートを準備しておきましょう。

リスクマネージメントの一環として考えると質疑の成否はきわめて重要度が高いものです。経験上「ストーリーは構成できたが、ここの事実確認、論理構成が弱い。そこを聞かれると困るな」と思っていると、十中八九そこを突かれます。クライアントのトップの方々は、それこそ百戦錬磨のマネージメントのプロなので、上手く繕ったつもりでも提案が包含する欠陥への鼻が利くことは当然でしょう。この質疑対応のための時間、人的資源の確保は、プレゼンテーション直前準備の際にきわめて優先順位が高いのです。私はプレゼンテーション前のこの想定問答で、過去に何度も窮地を免れてきました。良い(つまり、されると困る)質問を思いつくにはある程度の経験がものをいうので、シニアなメンバーにプレゼンテーションをレビューし、厳しい質問をしていただくことを強くお勧めします。

第4章 | How?-2 プレゼンの実演と準備のコツ 189

［準備編］

Point 03

練習で不安を
解消させるために
やるべきこと

なぜ不安になるのか

　プレゼンテーションにまつわる不安は、大きく分けると、①準備が不十分で内容が詰めきれていないか、②内容は詰めたものの使用資料とストーリーの流れが頭に入っていないか、③上がり性でプレゼンターとしての自分に自信がない場合に起きます。

　①を克服するためには、逆説的ですが「チームとしては考え抜いた」と確信することに尽きます。内容の深みはある程度投入した時間、物量と相関があります。ですが、発表の直前になって資源の投入不足を嘆いても、アウトプットは悪化するだけです。それよりも、「聞き手が一番気になるであろうこと」の重要ポイントのみを精査し、限られた時間や資源ですべきことを考え、対応しましょう。その密度の濃い考察から「できることはすべて考え抜いた」との感覚をチームに持たせることが重要です。

　②の対策は、チャートごとにキーワードのみ暗記して、メッセージタイトルを見たら文章を読まず、自分の言葉で解説するつもりで、声に出してリハーサルすることです。よほど公式なプレゼンテーションは例外ですが、スピーチ原稿を一字一句書き起こして丸暗記することは時間と労力がかかりすぎるし、お勧めできません。丸暗記は、プレゼンテーションの途中で、トップマネージメントから思わぬ質問が出て話が飛んだり、時間短縮の要請があったりしたなどの不測の事態に、対処しづらくなるデメリットもあります。

　そして一番克服が困難なのが③なのですが、対策がないわけではありませ

ん。それがアンカリングです。

不安はリハーサルのアンカリングで対策

　不安を克服するには、成功体験が最高の薬です。難易度の低いプレゼンテーション、たとえば気心が知れているチームでの発表を買って出て、そこでまず成功体験を作りましょう。小さな体験を繰り返し、成功イメージを積み重ねるのです。

　そして成功イメージの定着を狙ってリハーサルを行う際に、「アンカリング」という手法が効果的です。ここでのアンカリングとは「条件付け」の意で、何か象徴的な行為と結びつけて練習を行い、繰り返しポジティブな成功体験を想い描いて五感で刻み込み、自己の感情をコントロールするのです。アンカリングのイメージトレーニングには、集中して取り組める環境が必須なので、必要時間と邪魔をされない空間も確保しましょう。

　メジャーリーガーのイチロー選手やラグビーの五郎丸選手の、ここぞという場合の繰り返しの動作はアンカリングの好事例です。30年以上歌舞伎界で活躍している中村勘九郎さんは「人」という字を手のひらに書いて、それを飲み込む動作を終えてから舞台に出ます。幼い頃からアンカリングしてきたのでしょう。あのスティーブ・ジョブズですら周囲のノイズから隔絶した場で、入念なリハーサルを欠かしませんでした。皆さんもオリジナルのアンカリング作法を確立してください。

スマホ録画で不安対策

　プレゼンテーションをビデオに録画して数度見直し、自己のプレゼンテーションの悪癖を克服することは不安対策として有効です。器機はスマホに付属しているビデオ録画機能でも十分です。

　この効果は劇的です。ここでしっかり対策ができれば、実演への自信につながります。ビデオをチェックする際の効果的なステップについて、順を追ってご説明していきましょう。

第4章 | How?-2　プレゼンの実演と準備のコツ　191

ステップ1
「ビデオの画像を見ずに音声だけ聞いて話し方の欠点を探し、メモを取る」

　音声チェックの際には、まず声のハリで自信が感じられるかどうかを確認します。時折「でありましてぇ〜」と、ことばの端を引っ張ったり、「え〜、う〜ん」など意味のないことばを語句の繋ぎに多用していないかも確認します。これらの癖があると聞き手には非常に聞きづらいプレゼンテーションになります。これは思考速度と言語表現のタイミングにギャップがあり、かつ、沈黙してはならないという思い込みがあるからです。この癖を矯正するには現状のプレゼンテーションの中で何度「えー」「あー」と言っているかカウントして、この回数を減らす訓練をしましょう。語尾をはっきりと述べて、次の言葉が出てこなければいっそのこと数秒沈黙するほうが、圧倒的に聞きやすくなります。実際にやってみて、ビデオで確認してみてください。

　トップ層へのプレゼンテーションでは特に、相手にへりくだって「〜させていただきます」と、すべての語尾に付ける困った癖を持つ方がいます。これも、「独自の調査をさせていただいた」ではなく、「独自の調査をしました」と言い切りましょう。でないと説得力が半減します。緊張すると普段出ない癖が出るので、プレッシャーがかかったリハーサル場面で確認し、修正しましょう。

ステップ2
「音声を消し画面だけ確認し、立ち姿、身振りの気になった点をメモする」

　画面チェックでは、「立ち姿が自然で、自信が感じられるか？」「身体が傾いたり、体重移動を頻繁に行って落ち着きなく見えないか？」「目や表情から伝えたい熱気を感じられるか？」などを確認します。これらもすべて第三者的に客観視した後に、癖を自覚して初めて抑制することができます。

　もし直立のポジションでなく、歩き回る手法を選択したならば、それが自然に見えるかどうかを確認しましょう。

ステップ3
「通常の方法で音声付きでビデオをチェックして最終確認する」

　3度目に、音声＋画像で総合チェックをしましょう。これまでのメモを振り返り、しつこくチェックすると細かな自分の弱点が嫌でも見えてきます。次にはそれを修正するためのリハーサルをしましょう。

　私も若手のコンサルタントとしてマッキンゼーの本社主催のプレゼンテーションの訓練を受けたときに、コミュニケーション指導の専門家と一緒にビデオを見返しながら、プロの視点で様々な評価と指導を受けました。そこで自分のプレゼンテーションの実態を確認し、パフォーマンスに欠点があることを痛感しました。その経験から話し方や身振り手振り、姿勢など自分のプレゼンテーションの細かな癖を把握し、矯正できたのです。

　チームで参加するのであればチームの仲間または同僚にストーリーを聞いてもらい、相互に改善のための建設的な批評をし合うと良いでしょう。数名に参加してもらえるなら、ストーリーのロジック中心、感情、信頼訴求中心、声や姿中心、など配役を決めてそこに注目してもらうのも良いでしょう。プレゼンテーションという作品をクライアントに上演する前に、完成度を上げるヒントが、そこにあります。互いのプレゼンテーションを何度か確認しておけば、万が一担当プレゼンターが不可抗力で出席不能になった場合でも、カバーできるようになります。

プレゼンテーション・アプリケーションの機能を活用する

　パワーポイントなどのアプリケーションにある「スライドショー」メニューの「リハーサル」を活用してみましょう。スライドごとに話すべき内容を確認して実演のリハーサルを行いつつ、スライドを送るすべてのタイミングと全体のプレゼンテーション分数を記録することができます。最適なプレゼンテーションのタイミングを確認しながら練習し、最適なタイミングを見つけて、それを記録しておけば繰り返し練習をすることが可能です。

第4章 | How?-2　プレゼンの実演と準備のコツ　193

なお、スライドショーが一度記録されたタイミングで自動的に進行するようになることは注意点です。本番のプレゼンテーション時には必ずしも練習時と同じタイミングでスライドが進行するとは限らないので、「設定」メニューの中の「タイミングを使用」のチェックボックスを外しておくことをお勧めします。

[準備編] 評価ツールで建設的批判をし合う

Point 04

「合理・信頼・感情」訴求のレベルをチェックする

　プレゼンテーション本番の前に一度、チームの中で本番と同じプレゼンテーションを行い、メンバー間で互いに建設的な批判をしましょう。プレゼンテーションの内容が改善されるだけでなく、お互いに良い学びに繋がります。また質疑のシミュレーションも実施して、その対応力も是非チェックしてみましょう。

　プレゼンテーションを評価する際の、いくつかの判断軸を以下に示します。

合理訴求
　論旨の論理性、分析の質、実現可能性
信頼訴求
　理念・課題の共有、（プレゼンターの）好ましい個性の発揮（チャート、言葉、パフォーマンス）
感情訴求
　自信・確信・熱意、独自調査と興味深い事実の把握、アイディアのユニークさ

　図表4-1は、相互評価する際に便利なシートです。プレゼンテーションのリハーサルをし、チームメンバー間で相互評価する際に使用してください。

第4章 | How?-2　プレゼンの実演と準備のコツ　195

それぞれのマス目に気になったポイントを記入し、それを率直にフィードバックし合いましょう。

　合理、信頼、感情それぞれのマスに5点満点で点数を付けて、足りない訴求ポイントを改善するためのアイディアをブレストしても良いでしょう。

　なお、この評価ポイントは絶対的なものではありませんから、自分なりにアレンジし、活用してください。

　ちなみに、それぞれのキーワードが反対のワードとの対構造に設定してありますから（図表4－2）、プレゼンターによっては、自分の強みを発揮できるポイントと聞き手の癖を勘案した、スパイクが立った、いびつな評価になります。聞き手の説得に最適な形を想定し、3つの視点から聞き手を動かす内容かどうかを確認してみましょう。

図表4－1　プレゼンテーション評価シート

プレゼンテーション評価

氏名				
[合理訴求] 論旨の論理性 分析の質 実現可能性				
[信頼訴求] 理念・課題の共有 好ましい個性の発揮 （チャート、言葉、 パフォーマンス）				
[感情訴求] 自信・確信・熱意 独自調査と 興味深い事実の把握 アイディアのユニークさ				
総合コメント				

図表4-2　プレゼンテーション評価ツールの構造

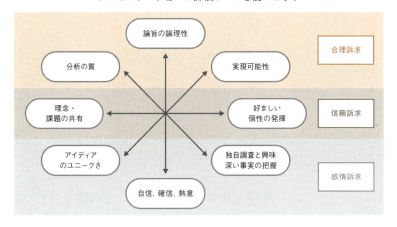

[当日編]

Point 05

「先んじる」「場を仕切る」心構えを持つ

先んじる

　プレゼンテーションの開始時間の最低でも30分前には現地入りすること。そして、これから起こるであろう会議の時間割に沿って、もう一度流れをシミュレートしましょう。参加者名簿、席順や機材のチェックをすべて完了しておきましょう。自分で会場設営をする場合にはもっと前に会場入りするのは当然です。

　それだけの余裕があれば本番前の簡単なリハーサルを行うこともできるし、使用機材のチェック後、もし不具合があれば対応策を考えることも可能になります。

　ボーイスカウトの創始者、ロバート・ベーデン＝パウエル卿由来の標語にあるように、「Be Prepared！（備えよ！ 常に）」が不測の事態を多少なりとも遠ざけてくれます。

場を仕切る

　単に与えられた時間のプレゼンターとして演じるというだけでなく、その会議のMC（Master of Ceremonies：司会進行役）として場を仕切る役割を担えるようにしましょう。指名を待つというより、できることならばその役割を事前にお願いすることです。もし自分よりも立場が上のチームメンバーが同席するならば、その方にMCをお願いしても良いでしょう。その際に

は進行手順の事前打ち合わせが重要です。

　聞き手がトップマネージメントであっても、プレゼンテーションの冒頭で
その日の会議内容とタイムスケジュールを説明し、会議をこちら側で設計し
ているというイニシアチブを、さりげなく宣誓してみましょう。また、本日
のプレゼンテーションの形式、最終目的の確認をすること。承認が必須であ
れば、この念押しをしましょう。

　それによって質疑の時間や発言者のコントロールをすることができれば、
運営が円滑になります。この場で決着したほうが良い事項については、質問
と議論を促し、結論が出ない中途半端な状況で時間切れになる事態を避けま
しょう。

Point 06 ［当日編］
立ち姿と身振りについて

すっと立つ。やや「大きく」動く

　当日の立ち姿、身振りについては「すっと自然に立っているか？」「リラックスしているように、聞き手から感じられるか？」と自らの立ち姿を想像し、リハーサル通りかどうかを自問し、必要な修正をしましょう。

　自然な立ち居振る舞いからプレゼンターのゆとりや自信を発信し、場の雰囲気を作ることができます。リラックスした立ち姿はプレゼンテーションのパフォーマンス上重要な要素で、時に言葉より多くのことが伝わります。

　想定し得る立ち姿で、最悪なのは「イチジクの葉っぱスタイル」です。つまり、緊張のあまり前屈みになって、手のひらをイチジクの葉のように重ねて、股間を隠すのです。一見で自信のなさが伝わります。

　自然体の立ち姿を保持するには男性であれば脚を肩の広さ程度に開き、無駄な体重移動を止めます。女性は肩幅よりも脚幅は狭めにし、足を多少前後に重ねて立っても良いでしょう。指し棒でスクリーンのポイントを示す際に、大きく顔がぶれないようにするため、体をスクリーンのほうに30度だけ向けて脇に立ちましょう。その際、自分の頭に操り人形の糸が繋がっていて、天井からピンと引っ張られたと想像してみるのです。それによってすっと背筋が伸び体の揺れ、ブレがなくなるはずです。演台を使用することもあるでしょうが、その後ろで立ち続けるのは、聞き手との心理的な壁ができやすく堅い印象を与えがちなので、ダイナミックな印象を与えたければ、避けましょう。

手のポジションはなるべくベルトより上、臍のあたりで、自然に軽く両手を握りましょう。自然に脇を締めて両腕を腰の少し下の位置に垂らしても良いでしょうが、所在なげにぶらぶらさせないこと。

　相手に失礼がなければ、ゆったりと会場を歩き回るスタイルも良いでしょう。スティーブ・ジョブズのプレゼンテーションの動画をWEBでチェックして、その自然な立ち姿とゆったりとした歩き方をお手本にして、できることを取り入れてみてください。

　感情訴求を念頭に、身振り手振りは普段よりも大きく表現しましょう。「皆さんに強調したいことはこの、たった1つです」と1本の指を目の前にかざす。「これはコスト削減に絶大な効果があります」と、手を大きく広げる。それらのジェスチャーは意識して訓練しないかぎり身につきません。身振り手振りは、言葉で一つ一つ言いたいことを説明するよりも見た目でプレゼンターの感情が伝わるので、プレゼンテーションで感情を表現することが苦手な方にとっても、マスターすべき武器と言えるでしょう。

第4章 | How?-2　プレゼンの実演と準備のコツ　201

［当日編］

Point **07**

話し方は
「相手を口説く」ように

自然な口調で話す

　プレゼンテーションの本番では、聞き手を口説く気持ちで臨みましょう。ゆっくり呼吸をして、落ち着いてから第一声を発すること。ストーリー全体の中で山場では意識して、「ここを盛り上げる」という箇所で声のトーンを変えましょう。「ここから我々のアイディアをご紹介します」と言ってから、一瞬「間」を作り、登場感を演出することができればすばらしい。資料の棒読みだけは絶対に避けましょう。

　くだけた口語調である必要はありませんが、自然な口調で話せるようになるまで訓練が必要です。それができるようになったら、次は声のトーン、高低、大小を意識しながらコントロールしましょう。

メリハリをつける

　相手の目を見ずに同じトーンで語るより、要所要所を押さえて、相手の目を見つめて自分の言葉で山場を迎えれば効果が絶大なのは、当然です。ですから、ビジネス用語をちりばめた文語調で書いてあるチャートのテキストを、すべて読もうとしないこと。重要なインタビューの引用など、詳細な文章を時間を掛けて説明する際でも、会話であることを印象付ける「　」に囲み、「このブランドを何年も買い続けてきたけれど、今年出た他の会社の商品に買い換えた理由は、まず比べると価格が安い。そして、選択できる種類

が多い……」など強調すべきポイントを赤字にしたり、下線を引いたりして、ポイントを明確にして、そこを中心に話すことです。

無理に「ウケ」を狙わない

相手を口説くという点において、ユーモアは時として絶大な武器になり得ますが、ビジネスプレゼンテーションの場合は程々に。本当に腕に覚えがある方のみ活用することです。

私は数百名を超える聴衆に、とっておきのジョークを披露して場をしんとさせ、その後の5分間自失していたという苦い経験があります。腕を過信してはいけないのです。

［当日編］
Point 08 目線はネクタイの結び目を見る

聞き手の目と握手をする

「アイコンタクトは、心の中の握手なのだ。それによって、聴き手側のメンバーたちは、あなたが、その中の一人ひとりとのパーソナルな会話を交わしているかのような絆をもったと感じさせることができる」
　ジーン・ゼラズニー

　プレゼンテーションでは、まずは聞き手と目の握手をしましょう。目線の接触を意識して行い、聞き手のプレゼンテーションに関する興味の度合い、説明への理解の度合いなどを推し量りましょう。もしトップマネージメントに対して怖じ気づいて、アイコンタクトが困難であると感じたら、まず胸元かネクタイの結び目あたりからコンタクトすると、緊張が解けるかもしれません。相手が自説にうなずいて顔が縦にゆれ始めたら、直接アイコンタクトのチャンスです。

　持ち時間が30分あって、その30分を100とすると、その100％のうち最重要である意思決定者に対して何％くらい、影響力者にどれくらいアイコンタクトをするべきか、事前に想定しておきましょう。全参加者はDMUの構成員として何らかの役割を担っている可能性があります。キーパーソンだけへ極度のアイコンタクトを偏重するのではなく、役割に応じて参加者全体の目を意識しましょう。

聞き手の目から興味の輝きを感じることができなかったら、悪い兆候です。その理由を「ここまでのプレゼンテーションで、何か気になるポイントはありませんか？」と直接聞き手に質問すべきかもしれません。これまで私はこの会話から、聞き手の懸念事項を早めに察知して、そのポイントの詳細説明に入り、危機管理に成功したことがあります。聞き手の目を見つめましょう。

［当日編］

Point 09
同調者を探し
緊張を緩和させる

うなずき君を見つける

　大切なプレゼンテーションの本番は緊張することがあるでしょう。そうした緊張を緩和させる方法は、開始時に、できるだけ早く「うなずき君」を見つけることです。

　通常、緊張感はプレゼンテーション開始時の前後にピークを迎えます。であれば本番開始時に「これならいける」という確信を、できるだけ早く感じるようにすることで、通常モードに復帰することができます。

　そのためには決定者、承認者、影響力者などのキーマンの中から、素早くこちらの主張に同意している同調者を探すことです。ストーリーに引き込まれている方は、それが目の表情や態度に出ます。頭をかすかに上下させる場合が多く、その方が「うなずき君」です。

　その方とアイコンタクトできれば、落ち着きを取り戻すことができます。そこからアイコンタクトの輪を広げるのです。

［当日編］
聞き手の思考を導く解説を心がける

Point 10

接続語を上手く使う

そのページの解説を終え次ページに移行する際には、接続語を挟むことで、聞き手の思考を導いてください。また、複雑なチャートを提示してそのメッセージを理解していただき、ストーリーに導くためには、チャートに描かれている軸や重要な図形の解説を怠らないようにすべきです。

次ページに移行する際、あえて間を置き、繋ぎの接続詞として「加えて……」「ところが……」「一方で……」「なぜなら……」「典型的な事例として紹介すると……」「ここまでのことを要約すると……」「ところで……」など、順接、逆接、対比、説明、例示、要約、転換などのキーワードに沿って次ページの内容の頭出しをしましょう。それから次ページに移行すると、全体のプレゼンテーションの継ぎ目がないように演出し、発表者がストーリーを完全に把握しているという印象を与えることができます。これによって聞き手の思考の流れを、ストーリーに沿わせることができます。

聞き手が初めて見る複雑なチャートは、何を表現しているのか理解するのに時間がかかります。たとえば「縦軸が何を表していて、横軸は何か？」「この矢印は何のために付いているのか？」と、これらのことを考えていて理解不足のうちに次ページに進行されたりすると、聞き手のストレスが溜まります。プレゼンテーションでは自分の言いたいメッセージを主張した後に、「それはどうしてかというと……」と、縦軸、横軸、バーやドット、矢羽の意味合いなどを解説し、聞き手の目線と思考をリードしましょう。

第4章 ｜ How?-2 プレゼンの実演と準備のコツ 207

[当日編]

Point **11**

質疑応答では
「リフレーズ」
「サマライジング」する

▦ チャンスとピンチが背中合わせの質疑応答

　質疑は対応を仕損じると窮地に追い込まれる可能性もありますが、あまり心配するより聞き手を説得する最大のチャンスと理解し、上手く活用すべきです。そのほうが、意味のある準備ができます。実際に質疑を尽くしたプレゼンテーションと、時間が押して一方的な報告が中心になった場合では、前者の決裁に対する成功確率が劇的に向上することは、容易に想像できるでしょう。

　相互の意見交換、議論を好む聞き手に対しては、できるだけプレゼンテーションの時間を短縮し、質疑の時間を十二分に確保したほうが、成果があります。ここから質疑応答で採るべきいくつかのアクションを解説します。不動心で場をコントロールし、リフレージング（繰り返し）やサマライジング（要約）など、聞き手の意思を確認してから対応するスキルを習得しましょう（あとで詳しく紹介します）。

▦ 冒頭から、不測の質問を予防する

　定型決裁型でトップマネージメントの承認をいただくプレゼンテーションでは、冒頭の挨拶後に「このプレゼンテーションには1時間お時間をいただいています。最初にこちらから30分の報告をさせていただき、その後30分の質疑に移らせていただきます」と、プレゼンテーションに与えられている

時間の大枠について聞き手の認識を促し、プレゼンテーション本体と質疑の時間が別枠で確保してあることをお知らせしましょう。「もし許可をいただけるなら、まず初めに、一通り内容の説明をさせてください。その後に質疑させていただけると円滑に会議を進めることができます」という切り出しもありえます。

質疑の鉄則は「不意の質問でパニックに陥らないこと」です。冒頭の宣言によってある程度プレゼンテーションに集中することができ、途中で不意を突く質問を受けて混乱する可能性を低めることができます。それでもトップマネージメントから質問された場合には、即座に対応せざるを得ません。その場合でも簡潔に応対し、できるだけ早く本論のストーリーに戻り、本当の決裁に直結する条件をご理解いただいてから、集中した議論、承認へと流れを進めましょう。

社内改革の報告会、または講演会のように定型で報告目的の場合、知識レベルや意見が大きく異なる聞き手が大勢参加しているにもかかわらず、プレゼンテーション途中で質問を受けると、場の制御に失敗し、時間内にプレゼンテーションが収拾しない危険性が増します。「申し訳ありませんが、そのご質問に関しては後ほど触れますので、まずは最後まで説明させていただけませんでしょうか？」と、丁寧にお断りして相手の承諾を得ましょう。

一方で、非定型で報告と議論、承認が目的のプレゼンテーションでは冒頭で、「疑問点を感じたらその場で質問を受け、議論をしたい」旨を宣言しましょう。非定型承認型の場合は、時間に余裕を持った設計にすべきでしょう。

リフレージング、サマライジングで意図を確認する

質疑応対では、相手の質問意図を必ず確認してから応対しましょう。質問されている間にメモを取って、繰り返し応答や論点を要約し、質問のポイントを整理します。でないと議論がかみ合わず、互いに納得感を得られませ

ん。そんなときに有効なのがリフレージングです。

　リフレージングとは、「いただいた質問はXXXということ。この理解でよろしいでしょうか?」と、質問に質問で返すことです。リフレージングの目的は、相手の本当の質問意図を確認することであり、「答えるべきことは何か?」が合意できれば、質疑する双方にとって効率が良くなります。ただし、鸚鵡返しは時として冗長なやり取りに聞こえるので、本当に理解できなかった時のみ使用することです。

　また、時折、トップマネージメントの前で、質問に見せかけて自己防御のための言い訳を滔々と述べる、困った出席者がいます。自己の意見の表明後に「実務はこうなってます。ちょっと認識が違う。で、どう思います?」と、何に答えたら良いかわからない質問にすり替えるのです。

　そういった方の質疑応答に対しては、論点を要約するようにしましょう。これをサマライズと言います。質問のポイントが曖昧な場合には必ずメモを確認しながら「ただいまのご質問は、1つ目にXXXというご質問、2つ目にはYYYというご質問、3つ目にはZZZと、合計3つのご質問と捉えてよろしいですね?」と論点を要約し、聞き返すのです。サマライジングは、質疑の効率化だけでなく、回答を用意するための時間稼ぎにも有効です。

「間」を作る。胆力を持ち、沈黙する

　質問に対して即答するメリットは、事前準備が万全である印象を与えることです。一方で、質問に対して、あえて「間」を置くことで、相手の質問が重要なので、慎重に言葉を選んでいる印象を与えることができます。しばし沈黙を守る胆力を持ちましょう。

　質疑の対応力に自信がないと無駄な言葉を弄して、かえって余計なことをくどくどと述べて墓穴を掘ることがあります。そのような時は沈黙し、相手の質問や反応を待つ必要があります。こちらの提言に対する想いや論理が伝わっていないと感じたら、聞かれたことに対してのみ簡潔に答え間を作り、質問を促しましょう。

210

チームで対応する。ダメなら素直に謝り、次回チャンスを狙う

チーム内で調査分析した得意分野に合わせて質疑の役割分担をしておきましょう。ポテンヒットのように誰もカバーしていなかった領域の質問が出た場合は、チーム内で素早くアイコンタクトをして、自信がある者が対応すること。経営の大所高所の質問であればチームのシニアなメンバーが対応すると説得力が増すでしょうし、現場に近いテクニカルな質問の場合は視察した担当が答えるべきという判断をして、阿吽の呼吸で役割分担することです。

リハーサル時に質疑のシミュレーションをしておくことが最大の予防手段ですが、プレゼンターがすべての質問に答えられるとは限らず、現実には想定を超える質問が来ます。その際、チーム内で同意を得ていない意見であっても「私見ではありますが」と断ってから果敢に対応しましょう。チームの公式見解ではないことを伝えてチーム全体の責任を回避し、リスク管理をしながら質疑の幅を広げることができるのです。

しかしながら、それまでの努力にもかかわらず、回答が困難な質問であった場合には「そのご指摘の点はチームとして十分な検討を加えておりませんでした。申し訳ありません」と素直に謝罪しましょう。そこで気まずい雰囲気で終わらせずに「1週間で再調査し、そのポイントだけ追加報告にあがる時間を10分いただけますか?」と、次回の前向きな対策の機会を窺うべきです。

英語のプレゼンテーションで、相手を説得するに至らなかった場合「I'm sorry things didn't work out. Please let us explore other opportunity」(上手くいかなくて申し訳ありません。我々に次回提案の機会を探らせてください)と、ポジティブに終了する常套句があります。この前向きな姿勢は見習いたいものです。

一方で、プレゼンテーションの目的を果たせるという確かな感触を得られたら、同意、承認していただいたポイントを再確認し、ここも更に前向きに「今後のプロジェクトの実施に向けて、ご一緒させていただけることを楽しみにしている」旨を伝えてクロージングしましょう。

[当日編]

Point **12**

指し棒は使わない。レーザーポインターは回さない

使い方次第ではマイナスイメージを与えるツール

　私は指し棒を使うと多少形式張った印象を与えるので、できるだけ自分の腕と指を指し棒代わりに使います。ダイナミックな印象を与えたいなら、この手法をお勧めします。大会場でレーザーポインターを使用する場合は必要な箇所のみ指し示し、すぐに消しましょう。

　腕を大きく使い、スクリーンの言いたいポイントを示すことで動きが出て、プレゼンテーションのダイナミックな演出ができます。指し棒を使う場合の問題は、ついスクリーンを指し棒で触ってしまうと、スクリーンが旗のように揺れて画面が見苦しくなることです。また、私が今までに見た極めて問題のある使い方は、指し棒でスクリーンを大きく叩くやり方でした。本人は音を出し、聞き手を驚かして楽しい様子でしたが、聞き手として違和感を覚えました。また、緊張して指し棒をむやみに弄っている人も見かけます。これらの癖をビデオでチェックして修正するか、いっそのこと指し棒を使用しないことです。

　ポインターにはいろいろな種類があります。大きな会場ではレーザーポインターを使わざるを得ない場合もあります。

　レーザーポインターの問題点ですが、聞き手の目線で使い方を訓練していないため、ポインターの先がいつもぐるぐる円を描いていて、図のどこを解説しているのかが分からなかったり、緊張していて指先が震えているので、

レーザーが細かく震えていたりします。それだけで自信のなさが伝わります。私は聞き手として座っていた時に、緊張してレーザーの照射ボタンを押し続けているプレゼンターから、目に照射されて本当に驚いたこともあります。説明したいポイントにのみ下線を引くつもりで数秒照射し、すぐに消すこと。これが鉄則です。

　最近はポインター機能に加えプレゼンテーション資料のページを送ったり、ズームしたりすることができるクリッカーが普及してきています。これも慣れないとレーザー照射するつもりでページを逆行させたり、スライドを消したりといった、プレゼンテーションの円滑な運営と真逆の影響を生じかねません。

　どちらのポインターも使い方に対しての習熟が必要です。ポインターの使用法を練習してから本番に臨みましょう。

[当日編]

Point 13

危機管理のために
脳内シミュレーション
しておく

4つのシミュレーション

　失敗が許されない重大なプレゼンテーションであれば、通常よりも細心の
リスク管理が必要です。

　リスクとはある事象における、変動に関する不確実性のことです。プレゼ
ンテーションのリスク管理には、プレゼンテーションに失敗する可能性と、
それが実際に起きたときの損失の大きさを想定できれば、自ずと対策にも力
が入ります。慣れた設定、相手の場合はリスク管理がしやすく、そうでなけ
れば難易度が増します。

　危機管理のために、以下の4ステップの脳内シミュレーションをしておき
ましょう。

「①過去事例の検証」
　自分だけでなく広く、多くの成功・失敗事例を知る
「②危険予知」
　聞き手、目的の分析を含めプレゼンテーションへの期待値を分析する
「③事前回避行動」
　事前にすべき回避行動を実施する
「④回避失敗時の拡大防止」
　最悪の場合に備え、失敗後の延焼を防ぐための火消しを行う

「①過去事例の検証」は、最悪の事態を知らずに変動の振れ幅を低く予測しておくと、現実に起きたときの動揺から、危機の制御が難しくなります。経験不足のプレゼンターでも他者の失敗事例と、そのとき上手く対応した事例を検証しておくことで「③事前回避行動」の際に事前準備や期待管理、議事進行管理で回避行動が選択でき、それでも失敗した場合には「④回避失敗時の拡大防止」で上手な失敗対策が採れるのです。

序章、第1章で行った「目的、形式」「キーパーソン」の確認と分析の一環で、プレゼンテーションの「②危険予知」つまり期待値の大きさを自覚しておけば、危機管理で採るべき行動レベルが規定できます。

ここから私の経験から得られた事例を解説します。すぐに対策案を読まずに、まず自分ごととして脳内シミュレートし、その対策をいくつか案出してみてください。それがプレゼンテーション危機管理能力の滋養に直結します。

キーパーソンの急な不参加

通常は当該企業の戦略策定に大いに意義があるプレゼンテーションのはずなので、遭遇可能性は低いでしょうが、プレゼンテーションの前提条件が覆される可能性を秘めた、危機的な事態です。

「④回避失敗時の拡大防止」

実行する決裁を含め決定者を動かすためのプレゼンテーションでは、選択肢が2つあります。

キーパーソンに、できるだけ早くもう一度プレゼンテーションをさせていただくお約束をいただき、集合した聞き手の皆さんに、根回しとしてプレゼンテーションを実行します。

一方で、キーパーソンと他の参加者が同時に情報を得、かつその場の意見交換や調整が必須の場合は、勇気を持ってリスケジュールを提案しましょう。プレゼンテーションの目的がセレモニーなどの挨拶またはエンターテイ

第4章 | How?-2 プレゼンの実演と準備のコツ　215

メントなど単なる報告（＋示唆）であればそのまま決行しても問題がないかもしれません。

　もしかするとキーパーソンが出席したくないか、出られないという特殊な事情があるかもしれません。悪い予兆です。早急に背景、意図を確認すべきです。

メインプレゼンターが来ない

　私もこれまで、チーム員が遅刻したり、体調不良、ご家族の不慮の事態などで参加できない場面に何度か遭遇したことがあります。リスク要件としては影響が大きいものです。

「③事前回避行動」
　誰かがそのパートの代替を務めるしかないので、リハーサル時に相互に全員の役割をカバーできるようにしておくことです。

「④回避失敗時の拡大防止」
　万が一にも主役のプレゼンターが他に代替の利かない状況であるのに来られないのであれば、対策は限定的です。このまま多少パフォーマンスが落ちても騒がずに決行するか、素直に事情を説明してリスケジュールをお願いするかを決めましょう。

　ある著名なシニアコンサルタントが若手時代に、重要なクライアント向けのプレゼンテーションの当日、担当のシニアコンサルタントが大雪で新幹線が不通となり、会場に来られないアクシデントに遭遇したそうです。プレゼンテーション資料は自ら準備して脳内シミュレーションをしていたので、何食わぬ顔をして自らプレゼンテーションをこなし、それ以来そのクライアントから絶対的な信頼を勝ち得たそうです。危機管理の事前シミュレーションの勝利でしょう。

時間の変更要求

聞き手のキーパーソンに緊急事態が発生して時間がずれたり、他の会議が延長されたりして、予定より短縮を要求されることは、良くあることです。影響は与えられた時間と内容のバランスで変化しますから、ダメージを最小限に抑える必要があります。

「③事前回避行動」

ピラミッドストラクチャーでストーリーを構成して、柔軟に流れを組み替えられる準備をしておきましょう。

その場で柔軟な対応をすることが苦手であれば、1つの元ファイルを完成させたのちに聞き手、目的別、時間別の資料を別バージョンとして準備しましょう。

パワーポイントを使用するならメニュータブの「スライドショー」をクリックし、「目的別スライドショー」機能を使うとフルバージョンの資料を作成した後に、聞き手と目的別に全社向け30分、マネージメント向け15分版などとして、使用するチャートを選択しましょう。同じファイル内に別編集バージョンに名前を付けてセーブできます。本番で聞き手、目的、時間の変更要求があったら、それに対応したバージョンを「目的別スライドショー」メニューから選択し、立ち上げて使用するのです。この機能を活用すれば、プロジェクトの実践フェーズで、聞き手別のプレゼンテーションを柔軟に実行することも可能です。

「④回避失敗時の拡大防止」

時間短縮を要求されたら、エグゼクティブサマリーとキーチャートのみを選択して重要なポイントのみ説明し、あとは質疑に入りましょう。

キーパーソンの次回の時間を押さえることが困難な場合、多少無理があっても決行したいと考えるかもしれません。しかしながら、プレゼンテーション時間を短縮することは可能でも、目的からすれば十分な議論と納得感の醸

成に一定の時間が必要な場合は、リスケジュールをお願いしましょう。

資料の誤植

簡単な誤植の対応は難しくありません。リスクが高いのは、数値などの重要なファクトの間違いです。これは信頼訴求に大きなダメージを与えるばかりでなく、事業創出や事業計画の提案プレゼンテーションの場合、時にはそれだけでプレゼンテーションが成立しなくなります。

「③事前回避行動」

資料を作成した本人は何度も見返しているので、思い込みがあって落とし穴に気がつきません。コンサルティング会社では、ロジックチェックと校正のプロがいるのでその機能を活用しますが、その機能がない場合はチームメンバーで資料をチェックするだけでなく、素直に全体を見渡せる人に確認をお願いしましょう。資料の数値はすべて赤丸でマーカーして、重点的にチェックしましょう。論拠の核心的なFACTは二重、三重の確認をします。

「④回避失敗時の拡大防止」

本来あってはならないものですが、単なる漢字や助詞の間違いであれば、素直に誤植を認め、真摯に謝罪して素早く本筋の議論に戻りましょう。

一方で数値のミスや、論理展開の特に重要な根拠となるFACTの誤認が指摘された場合の事後対策は異なります。その数値の計算論拠が複雑で、演算ソフトで計算をやり直す必要があったら、ここを外して議論が進行できるかどうか判断しましょう。

また、顧客のニーズの有無、技術革新の成功確率に対する専門家の意見など、調査や分析の核心となるFACTに疑義を呈された場合も同様です。追加の調査が必要かどうか、判断を仰ぎましょう。

上記のFACTに確信が持てないのであれば、中断して再度の提案機会をお願いするしかありません。その場合は相当程度に信頼が損なわれているので、短期間で調査分析への資源投下をためらわずに実行しましょう。

開催場所の不備と機材トラブル

スクリーン、プロジェクター、マイク、スピーカーなど必要な機材が揃っていない。機材が故障した。スクリーン、キーパーソンの着席場所などが想定していた会場レイアウトになっていない、などの不備があった場合です。これも頻出します。

「③事前回避行動」

会場には30分以上前に到着し、会場では真っ先にキーパーソンの座席位置、スクリーン位置、自分の立ち位置、マイクやプロジェクター、PCなど機材チェックを実行し、少しでも違和感を感じたら思い切って会場レイアウトを変更しましょう。自分の舞台なので、決して妥協しないことです。

故障対策としては、機材のバックアップを二重、三重に用意しておくことです。私はブエナビスタ社（ディズニービデオ部門）でマーケティングの責任者として、予算規模1000万円を超し、お客さまを数百名ご招待する大掛かりなマーケティング方針発表会を年に何度か開催していました。PC、プロジェクターなども故障したらすぐ他の機材にスイッチできるように、それぞれ予備機を複数用意して何度もリハーサルを重ねていました。

今でも様々なプレゼンテーションの機会があります。その都度、機材故障や会場の不備をシミュレートしているので、ほぼ毎年PCを最新スペックのものに買い替え、いくつかのメモリーやWEBサービス上にプレゼンテーションのデータを分散保持し、事前に印刷した資料も配置していただくようにしています。

「④回避失敗時の拡大防止」

起きてしまったらできることは少ないので、パニックに陥らないようにします。バックアップのレベルを上から試行してみて、使えるものから使用することです。

私はPCが不調で停止した際には、周囲のPCをお借りしてメモリーにバッ

第4章 | How?-2 プレゼンの実演と準備のコツ　219

クアップしてある資料でプレゼンテーションをしたこともありますし、何度も紙だけ、またはホワイトボードのみでプレゼンテーションを実施しています。

　マーフィーの法則よろしく、最悪の事態は一番避けたいときに来ます。万全の準備を心がけることは前提ですが、それに加えて失敗への前向きな思考ができれば、平常心が保てます。「ここまで考えて準備してきたが、今回は想定を超えた。学ぶことがあった。さあ、どう対処しようか？」と開き直れたら、道は開けます。

［当日編］
Point 14
念を押す

「聞き手に何をしてほしいのか」という想いをまとめる

　質疑の最後に、プレゼンテーションの目標が達成できたかどうか、聞き手と確認しましょう。なすべきことは大きく分けて2つあります。①プレゼンテーション中で述べた重要事項の要約と提言の確認をすること。②アクション・プログラム（実行予定表）と次のステップの承認を得ることです。プレゼンテーションの最後をどのようにまとめるべきか、ここで再確認しましょう。

　プロジェクトの最終プレゼンテーションは提案を実行していただくための、ほんの序章にすぎません。たとえば実行の役割を担う責任者、組織、実行タイミングなど、積み残し課題が出たら、今後詳細な実行プランに至るまで何を詰める必要があるのか、参加者の意識合わせが必要です。このプレゼンテーションの後にクライアント側の熟議を促し、必要なら追加のプレゼンテーションも想定しましょう。

　社内プレゼンテーションの場合でも、「結局、聞き手に何をしてほしいのか」を改めて確認しましょう。また、プレゼンテーション途中で新たに指摘された持ち帰りの課題や、十分納得いただけなかったポイントや質問に対して、新たに調査・分析を加えて結果を再度報告することで合意した事項を確認しましょう。ここでは是非プレゼンターの「自信、確信、熱意」を伝えて聞き手の感情、右脳に訴求しましょう。論理だけではない説得力を得るために「自分の想いを伝えられているか？」と、最終局面での確認を忘れないでください。

おわりに

"We're here to put a dent in the universe. Otherwise why else even be here？"

「我々は、宇宙に衝撃をあたえたい（宇宙の形を変えたい）。でなければ何故ここにいるのだ？」Steve Jobs

プレゼンテーションの名手として多くの人が参考にするスティーブ・ジョブズのパフォーマンスには、事業構想や新製品の機会であっても、「あらゆる男女、子供に使いやすい個人用コンピューターを提供したい」「世界をより良い場所に変える」というミッション、つまりジョブズが考えるアップルの使命感から来る動機を強く感じることができます。

常に完璧な商品を目指す激しいプレッシャーの中で社員を大いに鼓舞したと伝えられる、この名言からは彼の気概が伝わってきます。この理念が多くの熱狂的なファンを生み出しました。

マーケティングの大家であるフィリップ・コトラーは、近年マーケティング3.0という新しい概念を唱えています。コトラーによればマーケティングの目的は「1.0：製品を販売する」ことから「2.0：消費者を満足させ、つなぎ止める」ことを経て「3.0：世界をより良い場所にする」ことという、高次のものへと昇華するとの主張です。元来マーケティングの目的は顧客の「課題」解決をすることに他なりません。これは生活者が単に商品の機能価値を主要購買要因としていたマーケティング1.0の世界から、2.0で機能に加えてブランドやデザインなどの情緒価値を重要視し始め、3.0ではそれらに加えて「精神的な価値」、つまり自分の消費に「社会的な課題解決」を重ね合わせて判断を下す時代になってきたことを意味しています。それは自己実現だけでなく、自己超越というレベルの欲求から生じます。今や企業の理念

や使命、未来像、企業統治に対して透明度と実行を求めるのは投資家だけではありません。他ならぬその企業の商品・サービスのユーザーがITの爆発的な普及と情報シェアによって選択眼を持ちました。米国ではミレニアルズと呼ばれる80年代、90年代生まれの、消費の中核である世代にこの傾向が顕著で、世界的に同じような傾向が見られます。一般ユーザーだけでなく社員もユーザーの一部であり、企業の利害関係者でもあります。彼、彼女たちは消費を通じて企業と関わり、自分より大きな何かの一部になった自分を愛し、その心情を共有する企業を信頼し、支持する新しい生活者です。その顧客変化対応に敏感な企業が共通価値の創造や、ソーシャル・イノベーション（社会変革。社会の課題を解決して新しい価値を生み、良い方向に変えることという変革の実行プロセス）に向かわせています。従って理念や使命が明確な企業はユーザーの想いを周囲に増幅反射する力を持ちます。ネスレ、テスラモーターズ、アップル、グーグル、GE、アマゾンなどのように、明確な理念、使命を経営戦略の中核として、社会に直接プレゼンテーションをして成功している企業が輝きを増していると感じています。

　私が長期間お付き合いのあるクライアントのCEOは、部下からの投資案件のプレゼンテーションに対して、事業モデルの筋の良さや収支予測の詳細を尋ねる前に「なぜ、その案件を我々がなすべきだと思うのか？」と問いただします。それはこの潮流を体感されているからであると理解しています。

　プレゼンテーションの解説に「理念、使命、未来像」などと、言わずもがなの概念を書き連ねることにいささかのためらいを覚えながらも、私が感じた使命感から稿を進めました。これは、最近クライアントと議論をしていると、これらの概念を、立派な額に入っていながら壁で干からびているオブジェとしてではなく、もう一度その文脈を企業活動に活かそうと、変化を心から望んでいる場面に接することが続いたからです。事業環境変化が激しく先読みが難しい中で、もう一度「会社は何のために存在し、どのような絵姿になりたいか？　個人としての私は、なぜはたらくのか？　その目的を果たすためには、何をすれば良いのか？　そのためには、どうしたら周囲を説得

おわりに　223

することができるか？」という、一見シンプルでありながら真摯な問い直しをする企業人は着実に増えています。これらは本当に痛切な望みです。その方たちのために、課題解決のための効果的なコミュニケーションのありかたを、外資系経営コンサルティング企業出身でマーケターという出自の視点で書くことにしました。

　2010年に大前研一学長がBBT（ビジネス・ブレークスルー）大学を建学し、縁あって建学当初から現在まで、私はBBT大学経営学部でマーケティングの専任教授として教鞭を執っています。プレゼンテーションはマーケターにとって重要なスキルで、その優劣が商品やサービスの売上に直結します。マーケティングとは「顧客や社会の課題を解決することによって満足を生み、継続して適正対価を得る仕組みづくり」です。そのマーケティングには「インターナル・マーケティング」という考え方があります。それはお客さまに一番近い顧客サービス部門や営業の方々から遡って、物流、製造、調達、商品・サービス開発、研究、間接・管理部門、トップマネージメントという全社の機関を、マーケティングの企画をする部門からは「お客さまに近いチェーンを繋ぐ、社内のお客さま」と見立てて活動をすることです。社内の説得に成功しなければ、顧客を狙ったメッセージが上手く伝わりません。社内コミュニケーションを経て、外界のお客さまを説得して、やっと「顧客の創造」ができます。私にとってプレゼンテーションを通じてのコミュニケーションとマーケティングは、ぴったりと密着し不可分の存在なのです。

　これまで、一般的な読者を想定してプレゼンテーション関連の書籍を数冊執筆しました。その関係か、このところ、外資系経営コンサルティング企業のコンサルタントや一般企業のマネージャーなどのプロフェッショナルに対して、トップマネージメントへ企業変革提言をするための指導をする機会が増えました。その経験から、今回はビジネスプロフェッショナルの方で、一段上のプレゼンテーションを身につけたい読者を念頭に置くことにしました。ちなみにプロフェッショナルの定義は以下のものです。

「感情をコントロールし、理性で行動する。専門性の高い知識とスキル、高い倫理観はもとより、例外なき顧客第一主義、あくなき好奇心と向上心、そして厳格な規律。これらをもれなく兼ね備えた人材」　大前研一

　例外なき顧客第一主義を旨としてプロフェッショナルの規律を保ち、聞き手を説得するための技法を解説したつもりです。

　読者の皆さんが、プロフェッショナルとしてのプレゼンテーションスキルを身につけていただくことを、切に祈っています。

　最後に、これまでプロフェッショナルとしてのプレゼンテーションスキルを鍛錬してきた折にふれ、大いなる示唆をいただいたクライアントの方々、マッキンゼー社の先達、同僚に深く感謝の意を表したいと思います。また、遅筆に音をあげることなくお付き合いくださった東洋経済新報社の編集者、齋藤宏軌氏には、本当に助けられました。ありがとうございました。

2017年11月　菅野　誠二

参考文献

［書籍］

『マッキンゼー流 図解の技術』ジーン・ゼラズニー著　数江良一、菅野誠二、大崎朋子訳　（東洋経済新報社）

『マッキンゼー流 プレゼンテーションの技術』ジーン・ゼラズニー著　数江良一、菅野誠二、大崎朋子訳　（東洋経済新報社）

『ロジカル・シンキング』照屋華子、岡田恵子著　（東洋経済新報社）

『考える技術・書く技術〈ワークブック〉』バーバラ・ミント著　グロービス・マネジメント・インスティテュート監修　山崎康司訳　（ダイヤモンド社）

『イシューからはじめよ』安宅和人　（英治出版）

『ストーリーとしての競争戦略』楠木建　（東洋経済新報社）

『ハイ・コンセプト「新しいこと」を考え出す人の時代』ダニエル・ピンク著　大前研一訳　（三笠書房）

『コトラーのマーケティング3.0』フィリップ・コトラー、ヘルマワン・カルタジャヤ、イワン・セティアワン著　恩藏直人監訳　藤井清美訳　（朝日新聞出版）

『マーケターの知らない「95％」——消費者の「買いたい！」を作り出す実践脳科学』A・K・プラディープ著　ニールセン ジャパン監訳　仲達志訳　（阪急コミュニケーションズ）

『ピクサー流 創造するちから』エド・キャットムル、エイミー・ワラス著　石原薫訳　（ダイヤモンド社）

『弁論術』アリストテレス著　戸塚七郎訳　（岩波文庫）

『ハーバード流交渉術——イエスを言わせる方法』ロジャー・フィッシャー、ウィリアム・ユーリー著　金山宣夫、浅井和子訳　（三笠書房）

『ジョン・コッターの企業変革ノート』ジョン・P・コッター、ダン・S・コーエン著　高遠裕子訳　（日経BP社）

［自著（共著）］

『値上げのためのマーケティング戦略』菅野誠二　（クロスメディア・パブリッシング）

『プロフェッショナル シンキング』大前研一監修　ビジネス・ブレークスルー大学編　宇田左近、平野敦士カール、菅野誠二著　（東洋経済新報社）

『PowerPointビジネスプレゼン——論理を磨き・信頼を獲得し・心を動かすプレゼンテーション』菅野誠二　（翔泳社）

『共感をつかむプレゼンテーション』菅野誠二　（日本経団連出版）

［雑誌］

「ビジネスプレゼンテーションの基本」菅野誠二　『Think！』No.52

「ストーリーを起点に共感連鎖を生み出す」菅野誠二　『Think！』No.42

「合意形成、コミュニケーション、実行で戦略立案を仕上げる」菅野誠二　『Think！』No.12

「ロジカルな思考力の一歩先へ」菅野誠二　『Think！』No.8

「情報収集と戦略的分析により課題を明確化する」菅野誠二　『Think！』No.10

【著者紹介】
菅野 誠二（かんの　せいじ）

ボナ・ヴィータ代表取締役、BBT大学教授（マーケティング）。早稲田大学法学部卒業、IMD経営学大学院MBA。ネスレ日本で営業、マーケティングを経験後、マッキンゼー・アンド・カンパニーにて経営コンサルタントに。ブエナビスタ（ディズニーのビデオ部門）のマーケティングディレクターを経て、現職。著書に『値上げのためのマーケティング戦略』（クロスメディア・パブリッシング）、『PowerPoint ビジネスプレゼン　論理を磨き・信頼を獲得し・心を動かすプレゼンテーション』（翔泳社）他がある。

外資系コンサルのプレゼンテーション術
課題解決のための考え方&伝え方

2018 年 1 月 4 日　第 1 刷発行
2024 年 8 月 6 日　第 3 刷発行

著　　者——菅野誠二
発行者——田北浩章
発行所——東洋経済新報社
　　　　　〒103-8345　東京都中央区日本橋本石町 1-2-1
　　　　　電話＝東洋経済コールセンター　03(6386)1040
　　　　　https://toyokeizai.net/

DTP················dig
カバーデザイン······dig
印刷・製本 ········TOPPANクロレ
編集担当···········齋藤宏軌
©2018 Kanno Seiji　　Printed in Japan　　ISBN 978-4-492-55776-1

　本書のコピー、スキャン、デジタル化等の無断複製は、著作権法上での例外である私的利用を除き禁じられています。本書を代行業者等の第三者に依頼してコピー、スキャンやデジタル化することは、たとえ個人や家庭内での利用であっても一切認められておりません。
　落丁・乱丁本はお取替えいたします。

東洋経済新報社の『外資系』シリーズ

外資系コンサルの
スライド作成術

図解表現23のテクニック

SLIDE WRITING METHODS OF
PROFESSIONAL CONSULTANTS

**外資系コンサルの
スライド作成術**

図解表現23のテクニック

山口 周

わかりやすいスライドは、
より早く、より正確に、
より少ない労力で
ビジネスを進めることを可能にする。

プロフェッショナル・コンサルティング・ファームで
長年、新卒学生＆中途採用者の
トレーニングを担当してきた著者が
約100点に及ぶ豊富な事例をもとに徹底解説！

実践力を
鍛える
練習問題
付き!

定価（1600円＋税）

エスタブリッシュメントの
世界で確立された、
グローバルの世界で
通用するテクニック。

contents

PART1 ………… スライド作成の基本

PART2 ………… グラフの作り方
〜数値を視覚化する〜

PART3 ………… チャートの作り方
〜概念や関係構造を視覚化する〜

PART4 ………… シンプルなスライドに
磨き上げる

PART5 ………… 練習問題

著者紹介 **山口 周**（やまぐち・しゅう）

慶應義塾大学文学部哲学科卒業、同大学院文学研究科美学美術史学専攻前期博士課程修了。電通、ボストン コンサルティング グループ、A.T.カーニー等を経てヘイ・グループに参加。グローバル組織のデザイン、組織開発、リーダーシップ開発、キャリアデザイン等のプロジェクトに従事。コンサルティング・ファームで新卒学生＆中途採用者に対するトレーニングの一環として「わかりやすいスライド」の作成方法を教授してきた。

東洋経済新報社の『外資系』シリーズ

外資系コンサルの スライド作成術
［作例集］
実例から学ぶリアルテクニック

実際のコンサルティングの現場で作成されたものをベースにした、
46枚の珠玉のキラーチャート。

定価（2000円＋税）

掲載事例

［PART1］
スライド作成の基本ルール

［PART2］
スライドの作例集
CHAPTER1……… 数値を効果的に表現する
CHAPTER2……… 概念構造を表現する
CHAPTER3……… プロセスの作例集
CHAPTER4……… スケジュールの作例集

著者紹介 山口 周（やまぐち・しゅう）

慶應義塾大学文学部哲学科卒業、同大学院文学研究科美学美術史学専攻前期博士課程修了。電通、ボストン コンサルティング グループ、A.T.カーニー等を経てヘイ・グループに参加。グローバル組織のデザイン、組織開発、リーダーシップ開発、キャリアデザイン等のプロジェクトに従事。コンサルティング・ファームで新卒学生＆中途採用者に対するトレーニングの一環として「わかりやすいスライド」の作成方法を教授してきた。

東洋経済新報社の『外資系』シリーズ

外資系金融の Excel作成術

表の見せ方&財務モデルの組み方

定価（1800円+税）

モルガン・スタンレーをはじめとする金融機関で培った「見やすいExcelの表の作り方」と「本格的な財務モデルの組み方」。

contents

［第1部　基礎編］
第1章　………見やすいExcelの表を作る
第2章　………Excelの作業スピードを3倍にする

［第2部　モデル編］
第3章　………初級者のためのモデル作成入門
第4章　………本格的に財務モデルを組む
第5章　………財務モデルを使った分析
第6章　………モデル上級者になるためのヒント

著者紹介　**慎 泰俊**　(シン・テジュン)

Living in Peace代表。1981年東京都生まれ。朝鮮大学校政治経済学部法律学科卒業、早稲田大学大学院ファイナンス研究科修了。モルガン・スタンレー・キャピタルを経て、現在はPEファンドの投資プロフェッショナルとしてさまざまな事業の分析・投資実行・投資先の経営に関与。仕事の傍ら、2007年にNPOであるLiving in Peaceを設立。

東洋経済新報社の『外資系』シリーズ

外資系コンサルの
リサーチ技法

事象を観察し本質を見抜くスキル

BUSINESS RESEARCH METHODS OF
PROFESSIONAL CONSULTANTS

**外資系コンサルの
リサーチ技法**

事象を観察し本質を見抜くスキル

アクセンチュア 製造・流通本部 一般消費財業界グループ 著
宮尾 大志 編著

**情報を収集・整理・加工し
断片的な事実から
意思決定に寄与する洞察を抽出する
プロの「調べる」テクニック**

世界最大規模の総合コンサルティングファーム、
アクセンチュアで蓄積されてきた
リサーチのセオリーやテクニックを
豊富な事例とともに紹介

ペルソナ法、現ミ調査、
インタビュー、工数ログ、
ソーシャルリスニング……
**9つの技法を
徹底解説**

東洋経済新報社 定価（2000円＋税）

定価（2000円＋税）

リサーチとは、
単なる情報収集のことではなく、
ビジネスの意思決定を
後押しするインサイトを
抽出する行為である。

contents

第1章 ……… リサーチの基本的な流れ

第2章 ……… 9つのリサーチ技法①
『情報をさがす編』

第3章 ……… 9つのリサーチ技法②
『情報をつくる編』

第4章 ……… リサーチのケーススタディ

著者紹介 **アクセンチュア 製造・流通本部 一般消費財業界グループ**

デジタル化やグローバル化によって競争環境の劇的変化に直面する消費財・サービス企業のビジネス変革を支援するプロフェッショナル集団であり、中期経営計画策定、マーケティングや営業戦略の改革、全社構造改革／コスト削減、Ｍ＆Ａ、グローバルオペレーティングモデル構築、業務システム再構築など消費財・サービス企業の成長戦略を実現するための様々な国内外プロジェクトに携わっている。

東洋経済新報社の『外資系』シリーズ

外資系コンサルの
ビジネス文書作成術

ロジカルシンキングと文章術によるWord文書の作り方

DOCUMENTATION METHODS OF
PROFESSIONAL CONSULTANTS

**外資系コンサルの
ビジネス文書作成術**

ロジカルシンキングと文章術によるWord文書の作り方

吉澤 準特

すぐれたビジネス文書は
読みやすくわかりやすいだけでなく、
それ自体が相手を動かし、
成果を拡大し続ける。

大手コンサルティングファームで
ドキュメンテーションスキルを指導する著者が、
ロジックの組み立てと効果的な表現を
Word上で思い通りに実現するテクニックを解説

書式＆スタイルが
そのまま使える
Word文書サンプル
ダウンロード可能！

東洋経済新報社

定価（1800円＋税）

WordにはPowerPointにも
Excelにもない、
それ自体で相手の納得を
引き出す力がある。

contents

序章	…………	スキル診断
第1章	…………	ストラクチャー 〜論理構造を組み立てる〜
第2章	…………	スタイル 〜体裁を整える〜
第3章	…………	センテンス 〜文章を整理する〜
第4章	…………	スキーマ 〜図表を活用する〜
巻末付録	……	議事録の作成

著者紹介 　**吉澤 準特**（よしざわ・じゅんとく）

外資系コンサルティングファーム勤務。ビジネスからシステムまで幅広くコンサルティングを行う。専門分野はシステム運用改善をはじめとするインフラ領域だが、クライアントとの折衝経験も多く、ファシリテーションやコーチングにも造詣が深い。著書に『資料作成の基本』『フレームワーク使いこなしブック』（以上、日本能率協会マネジメントセンター）『外資系コンサルの仕事を片づける技術』（ダイヤモンド社）などがある。